CÓDIGO DE CIRCULACIÓN Y TRÁNSITO

THE HIGHWAY CODE
VERSIÓN EN ESPAÑOL

Publicado en el Reino Unido en el año 2003 por:
EUROLATINMARKET
PO Box 445
Edgware
HA8 7ZH
Ordenes e información general:
Teléfono 0208 951 4202
Fax 0208 931 9798
Producido por: ©EUROLATINMARKET

Primera edición 2003 – First edition

The Highway Code © Derechos de autor de la Corona
Material traducido al Español por Eugenio Hurtado y Gilda Monsalve
y publicado por EUROLATINMARKET con licencia expedida por:
Controller of HMSO and the Queen's Printer for Scotland -
Her Majesty's Stationary Office

The Highway Code © Crown copyrights material
The Highway Code has been translated in to Spanish by: Eugenio Hurtado
y Gilda Monsalve and is published by Eurolatinmarket under license from:
the Controller of HMSO and the Queen's Printer for Scotland –
Her Majesty's Stationary Office

ISBN 0-9544316-0-X

Todos los derechos reservados. Prohibida la copia, reproducción
o transmisión total o parcial por cualquier medio, sin permiso escrito del
traductor, el publicador o el productor y obtenido con anterioridad al hecho

Front and back cover illustration: Oscar Valencia
Illustrations are reproduced by the kind permit ion of:
Her Majesty's Stationary Office
Editor: Eugenio Hurtado and Gilda Monsalve
Translators: Eugenio Hurtado and Gilda Monsalve

Portada diseño e ilustración: Oscar Valencia
Las ilustraciones son copias del original y reproducidas con
licencia expedida por: Her Majesty's Stationary Office
Editores: Eugenio Hurtado y Gilda Monsalve
Traductores: Eugenio Hurtado y Gilda Monsalve

Se han hecho todos los esfuerzos para que el contenido de este libro
esté fielmente traducido y sea correcto al tiempo de su publicación,
sin embargo, el traductor no se responsabiliza por errores, omisiones
o cambios en los detalles escritos en este libro o por las consecuencias
que pueda acarrear la información contenida en el mismo

CONTENIDO

	Pagina
Introducción	4
Normas para los peatones	5
Reglas acerca de los animales	11
Normas para los ciclistas	13
Normas para motociclistas	17
Normas para conductores y motociclistas	18
Reglas generales, técnicas y consejos para conductores y jinetes	21
El uso de la vía	32
Usuarios de la vía que requieren atención especial	43
Conduciendo en condiciones adversas de clima	47
Esperar y aparcar	50
Autopistas	53
Averías y accidentes	57
Trabajos en la vía	61
Cruces de paso a nivel	62
Tranvías	64
Luces que controlan el tráfico	65
Señales a otros usuarios de la vía	66
Señales suministradas por personas autorizadas	67
Señales de tránsito	68
Marcas en la vía	73
Marcas en los vehículos	76
Anexos:	
1. Escogiendo y manteniendo una bicicleta	77
2. Requerimientos para la licencia de motociclista	77
3. Documentos del vehículo y requisitos para un conductor aprendiz	79
4. El usuario de la vía y las leyes	80
5. Sanciones	81
6. Mantenimiento, precaución y seguridad del vehículo	84
7. Primeros auxilios en la vía	86
Índice	88
Glosario de términos	94

INTRODUCCION

La lectura del *"código de circulación y tránsito"* es esencial, ya que sus reglas son dirigidas a todos los usuarios de la vía incluyendo peatones, ciclistas, motociclistas, jinetes y conductores.

Muchas de las normas contenidas en este libro son leyes y desobedecerlas conlleva a cometer un delito por el cual se puede ser multado, descalificado, obtener puntos en la licencia de conducción y en casos muy serios, ir a prisión. Las normas que traen como consecuencia lo anterior, se pueden identificar en este libro al encontrar las palabras: **NO SE PUEDE, NO PUEDE, NO SE DEBE, NO DEBE, PUEDE, SE PUEDE, DEBE, SE DEBE, TIENE QUE, TIENE, SE TIENE.** En adición a lo anterior, las reglas incluyen referencias abreviadas de las leyes que se infringen si no se cumple la norma. La explicación de las abreviaciones se encuentra en la página 83 de este libro.

A pesar de que el no cumplir con el resto de normas del código de circulación y transito no traiga implicaciones legales, el código puede ser usado como evidencia en una corte para establecer el incumplimiento de obligaciones.

Conocer y aplicar las reglas del código de circulación y tránsito ayuda a reducir significantemente accidentes mortales. Disminuir mortandad y accidentalidad en las vías, es una responsabilidad que todos compartimos y conocer este código puede ayudarnos a cumplirla a cabalidad.

IMPORTANTE: Para hacer más fácil y entendible la lectura de este código, al final de este libro se pueden encontrar dos capítulos:
El **índice**, el cual relaciona los temas con las respectivas normas o páginas en los que pueden ser encontrados
El **glosario de términos** en el cual se encuentran ciertas palabras que podrían no ser familiares para los habitantes de ciertas regiones y para las cuales se ofrecen diferentes sinónimos.

NORMAS PARA LOS PEATONES

Guías Generales

1. Aceras o vías peatonales Se deben usar si las hay. De ser posible, evite caminar cerca del borde, dando la espalda al tráfico. Si tiene que caminar sobre la calle, primero mire en ambas direcciones.

2. Si no hay acera o paso peatonal, camine al lado derecho de la calle y así podrá ver los vehículos que vienen. Se debe tener más cuidado y:
- Estar preparado para caminar en una fila sencilla, especialmente en calles estrechas o con poca iluminación
- Permanecer siempre situado hacia uno de los lados de la calle

Es mucho más seguro si cruza la calle mucho antes de una curva cerrada a la derecha (de esta manera los vehículos que vienen tendrán mayor opción de verlo) Vuelva a su posición original después de la curva.

3. Ayude a que otros usuarios de la calle lo vean. Cuando camine durante el día en entornos con poca luz, use o porte algún elemento de un color iluminado o brillante (por ejemplo brazaletes, fajas, chalecos y chaquetas) Cuando este oscuro use materiales luminosos ya que pueden ser vistos por los conductores cuando usan sus luces frontales, hasta tres veces mas lejos que los materiales no fluorescentes.

Déjese ver en la oscuridad, use prendas luminosas

4. Niños pequeños no deben permanecer solos en los andenes o en las calles (Ver regla No.7) Cuando salga con un niño, sitúese entre el niño y el tráfico y tome su mano firmemente. Asegure los niños muy pequeños dentro de sus coches o use un arnés.

5. Caminatas Organizadas. Grupos de personas deben utilizar las vías peatonales, si las hay disponibles; de lo contrario, deben permanecer a la izquierda de la vía. Deben ubicarse orientadores en la parte delantera y trasera del grupo y ellos deben usar prendas fluorescentes durante el día y luminosos en la oscuridad. En la noche el encargado del frente debe portar una luz blanca y el que se encuentre en la parte trasera debe portar una luz roja. Personas ubicadas a los lados en grupos grandes, también deben portar luces y usar prendas luminosas.

6. Autopistas (Motorways) NO SE PUEDE caminar en las autopistas o sobre las salidas de estas (side road), excepto en emergencias (Ver regla No.249)
Leyes RTRA sección 17, MT(E&W)R 1982 enmendado & MT(S)R Regs. 2 & 13

Cruzando la calle

7. El código verde para cruzar. Los siguientes consejos acerca de cómo cruzar las calles son para todos los peatones. A los niños se les debe enseñar este código y no deben ser autorizados para salir solos hasta que puedan entenderlo y usarlo correctamente. La edad en la cual ellos pueden hacerlo es diferente para cada niño. Muchos niños no pueden juzgar la velocidad de los vehículos y que tan lejos se encuentran de ellos. Los niños aprenden de los ejemplos, es así como los padres y quienes los cuiden, deben cumplir siempre el código en su totalidad cuando salen con ellos. Los padres son los responsables de decidir a que edad los niños pueden aplicar el código de manera segura por ellos mismos.

a. **Primero encuentre un lugar seguro para cruzar.** Es más seguro cruzar usando un paso peatonal subterráneo, puente peatonal, isla, una cruce cebra, pelicano, tucán o un cruce puffin o un punto de cruce controlado por un oficial de policía, una patrulla escolar de cruce o un guarda de tráfico. Si hay un cruce cerca, úselo. De otra manera escoja un lugar de donde pueda ver claramente en todas las direcciones. Trate en lo posible de no cruzar entre carros estacionados (Ver regla No.14), en curvas ciegas y en las crestas de las colinas. Muévase a un espacio donde los conductores lo puedan ver claramente.

b. **Pare justo antes de llegar al borde** donde pueda ver si algo viene. No se acerque demasiado al tráfico. Si no existe acera permanezca atrás del borde de la calle, pero asegúrese de que continua viendo el tráfico que se aproxima.

c. **Observe a su alrededor y escuche.** El tráfico puede venir de cualquier dirección. También escuche, porque algunas veces se puede escuchar el tráfico antes de verlo.

d. **Si viene tráfico, déjelo pasar.** Mire a su alrededor nuevamente y escuche. No cruce hasta que haya un espacio seguro en el tráfico y tenga la certeza de que tiene suficiente tiempo. Recuerde, así el tráfico esté bastante alejado, este puede estar acercándose muy rápido.

e. **Cuando sea seguro, cruce derecho la calle – no corra.** Permanezca atento observando y escuchando mientras está cruzando, por si aparece tráfico que usted no vio o surja tráfico de manera repentina.

8. En una intersección. Cuando cruce la calle, observe los vehículos volteando hacia la otra calle, especialmente el que viene detrás de usted.

9. Barreras de seguridad para peatones. Donde encuentre barreras, cruce la calle solamente en los pasos acondicionados para peatones. No salte sobre la barrera o camine entre ellas y la vía.

10. Aceras notorias. Pequeños corrugados que pueden ser sentidos por sus pies son usados para avisarle a las personas ciegas o parcialmente ciegas que se están aproximando a un sitio de cruce con un borde caído o alto.

11. Calles de una sola vía (un solo sentido) Verifique en que sentido se mueve el tráfico. No cruce hasta que sea seguro hacerlo sin necesidad de parar. Carriles de autobuses y bicicletas pueden operar en dirección opuesta a la del resto del tráfico.

12. Carriles para autobuses y Bicicletas. Tenga cuidado al cruzar estos trayectos, ya que el tráfico se puede estar moviendo en contra flujo o más rápido que en los otros carriles de la vía.

13. Rutas compartidas con ciclistas. Vías para ciclistas pueden circular a lo largo de zonas peatonales, con una línea dividiéndolas. Permanezca en la sección de los peatones. Tenga mayor cuidado cuando ciclistas y peatones comparten la misma vía y no hay separación (Ver regla No.48)

14. Vehículos estacionados. Si tiene que cruzar entre vehículos estacionados, use el lado exterior del vehículo como si este fuera el borde del andén. Párese allí asegúrese de que puede ver a su alrededor y que el tráfico lo puede ver. Nunca cruce la calle parándose al frente o detrás de un vehículo con el motor encendido, especialmente de vehículos grandes, ya que el conductor podría no estar en capacidad de verlo.

15. Vehículos reversando. Nunca cruce detrás de un vehículo que esté reversando, con las luces blancas de reversa encendidas o produciendo sonidos de advertencia.

16. Vehículos en movimiento. NO SE DEBE abordar o asirse a un vehículo en movimiento.
Ley RTA 1998 sección 26

17. En la noche. Vista algo luminoso para facilitar que otros lo vean (Ver regla No.3) Si no hay un paso peatonal cercano, cruce cerca a una luz de la calle, de esta manera el tráfico podrá verlo mas fácilmente.

Cruces

18. En todos los cruces. Cuando use cualquier tipo de cruce debe:
- Asegurarse siempre de que el tráfico ha parado antes de empezar a cruzar o empujar un coche de niños en el cruce
- Siempre cruce sobre las marcas o sobre las cebras. No atraviese al lado del cruce o sobre las líneas en zig-zag, ya que puede ser peligroso

NO SE PUEDE detener sobre la cebra, cruce pelicano o puffin.
Leyes ZPPPCRGD Reg. 19 & RTRA sección 25 (5)

19. Cruces cebra. Antes de empezar a cruzar, dele al tráfico suficiente tiempo para que lo vea y pare. Los vehículos necesitan mas tiempo cuando la calle esta lisa. Recuerde que el tráfico no tiene que parar hasta que alguien se ha movido dentro del cruce. Espere antes de cruzar a que el tráfico en ambas direcciones haya parado o que la vía este libre. Observe permanentemente ambas vías y escuche, en caso de que un conductor o ciclista o jinete no lo hayan visto o trate de pasar el vehículo que ha parado.

20. Cuando haya una isla en medio de un cruce cebra, espere en la isla y siga la regla No.19 antes de cruzar la segunda mitad de la calle, estos son cruces separados.

21. En los semáforos. Existen señales especiales para peatones.
Sólo se debe empezar a cruzar la calle cuando la figura verde se ilumina. Si ha empezado a cruzar la calle y la figura verde desaparece, usted podría tener tiempo suficiente para alcanzar el otro lado de la calle, pero sin demoras. Si el semáforo no cuenta con señales para peatones, mire cuidadosamente y no cruce hasta que la luz del semáforo este en rojo y el tráfico haya parado. Permanezca observando y considere la posibilidad de vehículos volteando en la esquina. Recuerde que los semáforos pueden dar vía al tráfico en algunos carriles mientras el tráfico en otros ha parado.

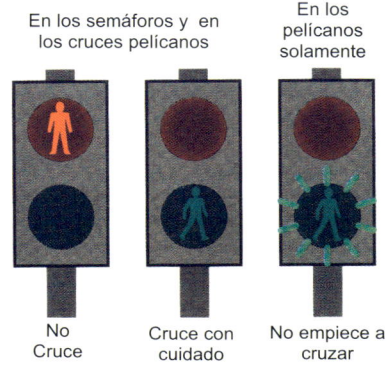

Señales para peatones en los semáforos y en los cruces pelicano

22. Cruces pelícano. Son cruces controlados por semáforos y operados por peatones. Oprima el botón para activar la señal. No cruce cuando se presenta la figura roja. Cuando la figura verde se ilumine permanentemente verifique que el tráfico ha parado e inicie el cruce con cuidado. Cuando la figura verde empieza a titilar **no se debe** empezar a cruzar pero si ya lo ha hecho, contará con tiempo para finalizar el cruce de manera segura.

23. En algunos cruces de pelícano existe un sonido interrumpido para indicarle a las personas ciegas o parcialmente invidentes cuando la figura verde esta permanentemente iluminada También puede existir señales sensibles al tacto para ayudar a las personas sordas y ciegas.

24. Cuando la calle esta congestionada, el tráfico a su lado de la calle puede verse forzado a parar, a pesar de que el semáforo esté en verde. El tráfico del otro carril puede continuar moviéndose, por lo tanto presione el botón y espere la señal para cruzar.

25. Cruces puffin y tucán. Son diferentes a los cruces pelícano porque en estos no existe el cambio a figura verde parpadeando. En los cruces puffin las figuras roja y verde se encuentran en la parte superior de una caja de control en su lado de la calle. Presione el botón y espere hasta que se ilumine la figura verde. En los cruces tucán, los ciclistas pueden cruzar la calle montados en la bicicleta (Ver regla No.65)

26. Cruces escalonados de pelicano o puffin. Cuando los cruces a cada lado del refugio central no estén alineados, son dos cruces separados. En cuanto llegue a la isla central presione nuevamente el botón y espere que la figura verde se encienda permanentemente.

27. Cruces controlados por una persona autorizada. No cruce la calle a no ser que le señale hacerlo un oficial de policía, un guarda de tránsito o un patrullero de cruce escolar. Siempre cruce enfrente de ellos.

28. Cuando no encuentre puntos controlados de cruce, se recomienda cruzar donde haya una isla en el medio de la vía. Siempre aplique el código verde para cruzar a la isla, pare y aplíquelo nuevamente para cruzar la segunda mitad de la calle.

Situaciones que exigen mayor cuidado

29. Vehículos de emergencia. Si una ambulancia, una máquina de bomberos, un carro de policía o cualquier otro vehículo de emergencia se aproxima usando luces azules intermitentes, luces frontales encendidas y/o sirenas, permanezca fuera de la vía.

30. Autobuses. Aborde o descienda del autobús únicamente cuando este ha parado. A medida que descienda del autobús, cerciórese que no vengan ciclistas. Nunca cruce la calle detrás o enfrente de un autobús, espere a que este se mueva y pueda ver claramente en ambas direcciones.

31. Tranvías. Estos pueden circular a través de áreas de peatones. Su ruta la marcan bordes sombreados, cambios en pavimento u otra superficie de la calle, líneas blancas o puntos amarillos. Use los cruces adecuados si han sido provistos, luces amarillas titilantes le avisaran que el tren se aproxima. En otros casos, mire ambas vías a lo largo de la carrilera antes de cruzar. No camine sobre los rieles, los tranvías se mueven rápida y silenciosamente y no pueden virar para esquivarlo.

32. Cruces de ferrocarril a nivel (paso a nivel) No cruce si las luces rojas están encendidas, una alarma suena o las barreras han sido bajadas. El tono de la alarma cambiara si otro tren se aproxima. Si no hay luces, alarmas o barreras, pare, mire a ambos lados de la vía y escuche antes de cruzar.

33. Reparaciones en la calle y la acera. Una acera puede estar cerrada temporalmente debido a que no es segura para su uso. Sea extra precavido si debe caminar o cruzar la calle.

REGLAS ACERCA DE LOS ANIMALES

Jinetes

34. Equipo de seguridad. Niños menores de 14 años **TIENEN** que usar un casco que cumpla con las regulaciones existentes. Este se **DEBE** ajustar de manera segura. Otros jinetes también deben seguir esta regla.
Ley H(PHYR)R

35. Otras prendas. Se deben vestir:
- Botas o zapatos con suelas y tacones duros
- En el día, prendas de colores vivos o fluorescentes
- Prendas luminosas si tiene que cabalgar durante la noche o en condiciones de poca visibilidad.

36. En la noche. Es más seguro no cabalgar en la vía durante la noche o en condiciones de poca visibilidad, pero si lo hace, asegúrese de que el caballo porte bandas luminosas arriba de los cascos. Porte una lámpara o linterna con luz blanca al frente y luz roja en la parte posterior.

Cabalgando

37. Antes de sacar un caballo a la vía debe:
- Asegurarse de que el herraje esté bien ajustado y en buenas condiciones
- Asegurarse de que puede controlar el caballo

Si piensa que el caballo que monta se pone nervioso ante el tráfico, siempre móntelo en compañía de personas que monten caballos menos nerviosos que este. Nunca monte un caballo sin silla o freno.

38. Antes de desmontar o doblar en una esquina, observe atrás y cerciórese que es seguro hacerlo, luego haga una clara señal con el brazo.

39. Cuando cabalgue en la vía debe:
- Permanecer a la izquierda
- Sujetar con ambas manos las riendas a no ser que este señalando
- Mantener ambos pies en los estribos
- No montar otra persona en el mismo caballo
- No cargar ninguna cosa que pueda afectar su equilibrio o hacer que pierda el control de las riendas
- Mantener el caballo que esté orientando a la izquierda del que esté montando
- Moverse en la dirección que fluya el tráfico en calles de una sola vía
- Nuca cabalgar en filas de más de dos, cabalgue en una fila sencilla cuando la carretera se angosta o al acercarse a una curva.

40. NO SE PUEDE guiar un caballo dentro de un paso peatonal, una acera o una vía de bicicletas. Mientras sea posible use los senderos.
Leyes HA 1835 sección 72 & R(S)A sección 129 (5)

41. Si es posible evite las glorietas. Si las usa debe:
- Permanecer a la izquierda y observar los vehículos que atraviesen su recorrido para dejar o tomar la glorieta.
- Señalar a la derecha mientras cabalga a lo largo de las salidas para mostrar que aun no va a salir
- Señalar a la izquierda antes de dejar la glorieta.

Otros animales

42. Perros. No deje un perro solo y suelto en la calle. Manténgalo con una guía corta mientras lo pasea por la acera, calle o paso compartido con ciclistas.

43. Si los perros u otros animales se encuentran en el vehículo asegúrese que están adecuadamente restringidos, de esta manera ellos no podrán distraerlo mientras esté conduciendo o lesionarlo sí para rápidamente.

44. Arreando animales. Estos deben ser mantenidos bajo control en todo momento. Si es posible, envié otra persona al frente para que avise a otros usuarios, especialmente en las curvas o en las partes altas de las colinas. Es mucho más seguro no mover animales después de oscurecer, pero si lo hace, vista prendas luminosas y asegúrese que porta luces (blancas al frente y rojas en la parte de atrás de la manada)

NORMAS PARA LOS CICLISTAS

Estas normas son adicionales a las de las secciones siguientes y son aplicadas a todos los vehículos (a excepción de la sección de autopistas en la pagina 55) Lea también la pagina 79 acerca de escoger y mantener su bicicleta.

45. Vestuario. Se debe usar:
- Casco de ciclista que cumpla con las regulaciones vigentes
- Vestuario apropiado para ciclistas. Evite prendas que puedan enredarse en la cadena o en una llanta o que puedan opacar sus luces
- Prendas de colores iluminados o fluorescentes que ayuden a otros usuarios de la vía a verlo en el día o en pobres condiciones de iluminación
- Prendas y/o accesorios luminosos (cinturones, bandas para los brazos y piernas) en la oscuridad.

Ayude a ser visto

46. En la noche **DEBE** contar con luces alumbrando al frente y en la parte posterior de la bicicleta. También **TIENE** que contar con reflector de luz roja en la parte trasera (y reflectores ámbar en los pedales, si la bicicleta fue fabricada después de 1/10/85) Luces parpadeantes y otros reflectores pueden ayudarle a ser visto pero estos **NO DEBEN** ser usados individualmente.
Ley RVLR Regs. 18 & 24

Cuando monte una bicicleta
47. Use rutas para bicicletas cuando sea posible, hacen la jornada más segura

48. Vías para bicicletas. Normalmente se encuentran separadas de la calle pero pueden ocasionalmente ser encontradas a lo largo de los pasos peatonales o aceras. Ciclistas y peatones pueden estar separados o compartir el mismo espacio sin división alguna. Cuando existen vías divididas se **DEBE** permanecer en el lado designado para los ciclistas. Tenga cuidado cuando sobrepase peatones, especialmente niños, ancianos o gente con limitaciones. Permítales suficiente espacio. Manténgase preparado para disminuir la velocidad y parar si es necesario.
Ley HA 1835 sección 72

49. Carril para ciclistas. Están marcados por una línea blanca (que puede ser discontinua) a lo largo de la vía (Ver regla No.119) Permanezca dentro del trayecto mientras sea posible.

50. SE DEBEN obedecer todas las señales de transito y las de los semáforos.
Leyes RTA 1988 sección 36, TSRGD Reg. 10

51. Se debe:
- Mantener ambas manos sobre el manubrio a excepción de cuando señala o cuando hace los cambios de velocidad
- Conservar ambos pies sobre los pedales
- Conducir en formaciones máximo de dos personas
- Montar en fila sencilla en calles angostas o muy transitadas
- Conducir retirado de la parte de atrás de otro vehículo
- Evitar transportar objetos que puedan afectar su equilibrio o que se puedan enredar entre las llantas o la cadena
- Ser considerado con otros usuarios de la vía, en particular con peatones ciegos o con vista parcial. Cuando sea necesario permítales percatarse de que usted se encuentra ahí, por ejemplo, sonando su campana

52. Se debe:
- Mirar alrededor antes de salir de la acera, voltear o hacer alguna maniobra, para cerciorarse que es seguro hacerlo. Dar una señal clara, mostrando a otros usuarios de la vía lo que intenta hacer (Leer pagina 68)
- Examinar adelante en busca de obstrucciones en la vía, como drenajes, huecos y vehículos parqueados, así no tendrá que desviarse inesperadamente para evitarlos. Deje suficiente espacio al pasar vehículos parqueados y percátese de las puertas que se puedan estar abriendo en su ruta
- Tener cuidado especial al pasar elevaciones, reductores de calles y otros dispositivos de contención de tráfico.

53. NO SE PUEDE
- Transportar pasajeros a no ser que su bicicleta haya sido construida o adaptada para hacerlo
- Aferrarse a un vehículo en movimiento o a un remolque
- Conducir de manera peligrosa, descuidada o desconsiderada.
- Conducir bicicleta bajo la influencia de bebidas o drogas.

Leyes RTA 1988 secciones 24, 26, 28, 29 & 30 enmendada por RTA1991

54. NO PUEDE
- Montar una bicicleta sobre la acera
- Dejar la bicicleta donde ponga en peligro u obstruya otros usuarios de la vía o peatones, por ejemplo, tirada sobre la acera. Use los parqueaderos para bicicletas si se han suministrado.

Leyes HA 1835 sección 72 y R(S)A sección 129

55. NO SE PUEDE cruzar la línea de pare cuando los semáforos estén en rojo. Algunas intersecciones tienen una segunda línea avanzada de pare para que usted se sitúe al frente del resto del tráfico (Ver regla No.154)
Leyes RTA 1988 sección 36, TSRGD Reg. 10

56. Carriles para autobuses. Pueden ser usados por ciclistas si las señales incluyen un símbolo de bicicleta. Esté pendiente de personas que abordan o descienden de un autobús. Sea cuidadoso cuando los adelante o abandone el carril de autobuses, ya que estará entrando a un flujo de tráfico mas concurrido.

Intersecciones de calles
57. A la izquierda. Cuando se acerque a una intersección a la izquierda, esté pendiente de vehículos volteando al frente suyo, saliendo o entrando de la calle. No se situé entre la acera y un vehículo que esta señalando o disminuyendo la velocidad para voltear a la izquierda.

58. Ponga atención particular a vehículos largos los cuales necesitan mayor espacio para maniobrar en las esquinas, ellos pueden necesitar moverse a la derecha antes de voltear a la izquierda. Espere hasta que hayan completado la maniobra ya que las llantas traseras vendrán muy cerca de la acera mientras voltea. No intente manejar en el espacio entre ellos y la acera.

59. A la derecha. Si esta doblando a la derecha observe el tráfico para asegurarse que puede hacerlo, luego señale y muévase al centro de la vía. Antes de completar su giro espere hasta que haya un espacio seguro en el tráfico que viene. Puede ser más seguro esperar a su izquierda hasta que haya espacio suficiente o desmontar y empujar la bicicleta.

60. Doble calzada. Recuerde que en la mayoría de las doble calzadas, el tráfico se mueve rápidamente. Cuando atraviese, espere un espacio seguro y cruce la calle por turnos. Tenga más cuidado cuando cruce en intersecciones

Glorietas
61. Detalles completos acerca del proceso correcto en las glorietas se encuentran en las reglas 160 a 166. Las glorietas son peligrosas, por lo tanto deben ser tomadas con cuidado.

62. Puede sentirse más seguro ya sea permaneciendo a la izquierda de la glorieta o desmontando y caminando sobre la acera o la verja, y empujando su bicicleta. Si decide permanecer a la izquierda podría:
- Estar prevenido de que los conductores no puedan verlo fácilmente
- Tener cuidado extra cuando pase de largo por las salidas. Se necesita señalar a la derecha para mostrar que no esta saliéndose de la glorieta
- Estar pendiente de los vehículos que cruzan su recorrido para salir o entrar a la glorieta.

63. Dar suficiente espacio en las glorietas a los vehículos largos ya que ellos necesitan mayor espacio para manobriar. No conduzca en el espacio que ellos necesitan para dar la vuelta a la glorieta. Puede ser mas seguro esperar hasta que ellos abandonen la glorieta.

Cruzando la calle
64. No conduzca a lo largo de cruces pelicano, puffin o cebra. Desmonte y cruce caminando y empujando la bicicleta.

65. Cruces tucán. Estos son cruces controlados por luces y permiten que ciclistas y peatones crucen al mismo tiempo. Son operados manualmente, apretando un botón que activa la señal verde para peatones y ciclistas. A los ciclistas se les permite montar a lo largo de estos cruces.

66. Cruces solo para bicicletas. Caminos para bicicletas sobre lados opuestos de la calle, pueden ser unidos por cruces señalizados. Puede montar la bicicleta a lo largo de los cruces, pero **NO PUEDE** cruzar hasta que el símbolo verde de bicicleta se haya iluminado.
Ley TSRGD Reg. 33(1)

NORMAS PARA MOTOCICLISTAS

Estas reglas son adicionales a las de las siguientes secciones que se aplican a todos los vehículos. Para requisitos de licencia de motocicleta lea pagina 79

General

67. En todos los desplazamientos, el conductor y pasajero de una motocicleta, motoneta o ciclomotor, **TIENEN** que usar casco protector que cumpla con las regulaciones existentes. Los cascos **DEBEN** ser abrochados de una manera firme. También es recomendable usar protectores para los ojos los cuales **DEBEN** estar de acuerdo con las regulaciones. Considere igualmente, el usar protectores para los oídos y botas resistentes, así como guantes y prendas apropiadas que pueden ayudarle a protegerse en caso de una caída.
Leyes RTA 1988 secciones 16& 17 & MC(PH)R enmendada por Reg.4 & RTA sección 18 & MC(EP)R enmendada por Reg. 4

68. NO PUEDE transportar más de un pasajero. Este debe sentarse en posición apropiada sobre la silla y con ambos pies sobre los descansapies.
Ley RTA 1988 sección 23

69. Conduciendo durante el día. Hágase ver tanto como sea posible desde todos los ángulos. Use casco blanco o colorido y prendas fluorescentes. Use luces altas así sea durante un buen día, estas pueden hacerlo más llamativo.

Este seguro de que puede ser visto

70. Conduciendo en la oscuridad. Vista prendas o franjas luminosas para mejorar las posibilidades de ser visto en la oscuridad. Estas se reflejan con las luces de otros vehículos haciéndolo más visible desde una larga distancia. Lea las reglas 93 a 96 acerca de requisitos de iluminación.

71. Maniobrando. Debe estar pendiente de que hay atrás y a los lados antes de maniobrar. Mire atrás, use los espejos si estos están instalados. Cuando sobrepase filas de vehículos tenga cuidado con los peatones que cruzan entre ellos o vehículos saliendo de las intersecciones.

Recuerde: Vistazo - Señal – Maniobra

NORMAS PARA CONDUCTORES Y MOTOCICLISTAS

72. Condición del vehículo. TIENE que asegurarse de que su vehículo y remolque cumplan con los requisitos de construcción, uso y regulaciones de iluminación (Leer pagina 86 Y 87)

73. Antes de sentarse. Asegúrese que:
- Ha planeado la ruta y reservado suficiente tiempo para completarla
- El vestido y zapatos no lo limitan para usar los controles de manera apropiada
- Sabe donde se encuentran todos los controles y como usarlos antes de necesitarlos. Los vehículos son diferentes, no espere hasta que sea demasiado tarde para darse cuenta
- Los espejos y asientos están ajustados correctamente para brindarle comodidad, control total y máxima visión
- Los apoya cabezas están ajustados correctamente para reducir riesgo de lesión en el cuello, en caso de un accidente
- Tiene suficiente combustible antes de comenzar su jornada, especialmente si esta incluye conducir en la autopista. Puede ser peligroso perder impulso mientras conduce entre el tráfico.

74. Remolque y carga del vehículo. Como conductor:
- **NO PUEDE** remolcar más de lo que su licencia le permite
- **NO PUEDE** sobrecargar el vehículo o remolque, este no debe arrastrar un peso mayor al recomendado por el fabricante
- **DEBE** asegurar la carga y esta **NO PUEDE** sobresalir peligrosamente
- Debe estar seguro de que el peso en la caravana o remolque está distribuido uniformemente. Esto con el fin de evitar que en desvíos bruscos o culebreos pierda el control, si esto sucede suelte el acelerador y reduzca la velocidad suavemente hasta retomarlo.

Ley CUR Reg. 100, MVDL Reg. 40

75. Cinturones de seguridad. SE DEBE usar el cinturón de seguridad a no ser que esté exento de hacerlo. Aquellos excusados del requerimiento incluyen los titulares de certificados de exclusión medica y personas haciendo entregas locales en un vehículo diseñado para este propósito.

Leyes RTA 1988 secciones 14 & 15, MV(WSB)R & MV(WSBCFS)R

Requisitos del cinturón de seguridad

Esta tabla resume los principales requisitos legales para usar los cinturones de seguridad

	SILLAS FRONTALES (Todos los vehículos)	SILLAS TRASERAS (carros pequeños y minibuses*)	QUIEN ES RESPONSABLE
CONDUCTOR	**DEBE** usarse si está instalado		CONDUCTOR
NIÑOS menores de 3 años de edad	Un apropiado sujetador de niños **DEBE** usarse	Un apropiado sujetador de niños **DEBE** usarse si está disponible	CONDUCTOR

NIÑOS con edades entre 3 y 11 años y menos de 1.5 metros (cerca de 5 pies) de alto	Un apropiado sujetador de niños **DEBE** usarse si está disponible. Si no, **DEBE** usarse un cinturón de seguridad de adulto	Un apropiado sujetador de niños **DEBE** usarse si está disponible. Si no, **DEBE** usarse un cinturón de seguridad de adulto si está disponible	**CONDUCTOR**
NIÑOS con edades de 12 o 13 años o jóvenes con 1.5 metros o más de altos	Cinturón de seguridad de adulto **DEBE** ser usado si esta disponible	**DEBE** usarse cinturón de seguridad de adulto si está disponible	**CONDUCTOR**
PASAJEROS con más de 14 años	**DEBE** ser usado si está disponible	**DEBE** ser usado si está disponible	**PASAJERO**

*Minibuses descargados con un peso hasta 2540kg

76. El conductor **TIENE** que asegurarse que los niños menores de 14 años de edad, usen el cinturón de seguridad o estén sentados en un sujetador de niños apropiado. Este puede ser una silla de bebé, una silla de niño o una silla de refuerzo, apropiada para el peso y tamaño del niño e instalada de acuerdo a las instrucciones del fabricante.
Leyes RTA 1988 secciones 14 & 15, MV(WSB)R & MV(WSBCFS)R

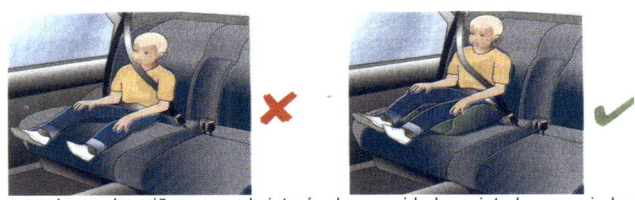

Esté seguro de que los niños usan el cinturón de seguridad o sujetador apropiados

77. En minibuses descargados hasta de 2540kg de peso **SE DEBE** usar cinturón de seguridad, también en autobuses de mayor tamaño, si están disponibles.
Leyes RTA 1988 secciones 14 & 15, MV(WSB)R & MV(WSBCFS)R

78. Niños en automóviles. Los conductores que transporten niños dentro de un automóvil deben asegurarse que:
- Los niños no se sienten detrás de las sillas traseras en automóviles de tres o cinco puertas (hatchback), a no ser que una silla especial para niños haya sido instalada
- Los niños permanezcan bajo control
- Una silla de bebé **NUNCA** debe ser instalada con el espaldar hacia el sitio donde emerge una bolsa de aire.

Capacidad para conducir

79. Asegúrese de que esté apto para conducir. **TIENE** que reportar a la Agencia de Licencias para Conductores y Vehículos (DVLA) cualquier condición de salud que afecte su manera de conducir.
Ley RTA 1388 sección 94

80. Conducir cuando se está cansado incrementa ostensiblemente los riesgos de accidente. Para minimizar los riesgos:

- Asegúrese de que está apto para conducir. No inicie una larga jornada (de más de una hora) si se siente cansado
- Evite iniciar largas jornadas entre la media noche y las 6:00am, ya que su concentración estará al mínimo
- Planee el recorrido de tal manera que haga suficientes paradas. Un descanso mínimo de 15 minutos es recomendado después de conducir 2 horas
- Si en algún momento llega a sentir sueño, pare en un lugar seguro. No pare en la reservación lateral de una autopista
- La manera más efectiva para combatir la somnolencia es tomar un corto descanso (hasta 15 minutos) o beber dos tazas de café fuerte. Aire fresco, ejercicio o incrementarle el volumen a su radio puede ayudar por un periodo corto de tiempo, pero **no** son tan efectivos.

81. Visión. TIENE que estar en capacidad de leer la matrícula de un vehículo a una distancia de 20.5 metros (67 pies, algo más del largo de 5 vehículos) a la luz del día. Si necesita usar anteojos (o lentes de contacto) para leer la matrícula, TIENE que usarlos siempre que conduzca. La policía esta facultada para realizarle en cualquier momento a los conductores una prueba de visión a la luz del día.
Ley RTA 1988 sección 96 & MV(DL)R Reg. 36 & esquema 8

82. Durante la noche o bajo condiciones de poca visibilidad, no use gafas con lentes oscuros, viseras o cualquier cosa que disminuya su visión.

Alcohol y drogas
83. No beba y conduzca ya que el alcohol afecta considerablemente su juicio y habilidades. NO PUEDE conducir si el nivel de aliento a alcohol es superior a 35µg/100ml o el nivel de alcohol en la sangre es de más de 80mg/100ml. El alcohol:
- Da una falsa sensación de seguridad
- Reduce la coordinación y hace más lentas las reacciones
- Afecta el juicio de la velocidad, distancia y riesgo
- Reduce la habilidad para conducir sin importar que se esté por debajo del limite legal de alcohol.
- Tarda en ser evacuado del cuerpo. No se es apto para conducir en la noche si se ha bebido durante el almuerzo, o en la mañana, después de haber bebido la noche anterior. Si sale a beber prevea otro medio de transporte.

Ley RTA 1988 secciones 4, 5 & 11(2)

84. NO SE PUEDE conducir bajo la influencia de drogas o medicinas. Revise las instrucciones o consulte con su medico o boticario. Usar drogas ilegales es altamente peligroso. Nunca las tome antes de conducir, los efectos son impredecibles y pueden ser más severos que los del alcohol y ocasionar serios o fatales accidentes de tránsito.
Ley RTA 1988 sección 4

REGLAS GENERALES, TÉCNICAS Y CONSEJOS PARA CONDUCTORES Y JINETES

Esta sección debe ser leída por todos los conductores, motociclistas, ciclistas y jinetes. Las reglas del código de tránsito no dan derecho pleno a la vía bajo ninguna circunstancia, pero aconsejan cuando ceder la vía a los otros. Siempre ceda la vía si esto ayuda a evitar un accidente.

Señales

85. Las señales avisan e informan a otros usuarios de la calle, incluyendo a los peatones, la intención de sus acciones (Leer pagina 68) Se debe:
- Señalizar claramente y con suficiente tiempo, revisar que la señal no es engañosa para ese momento
- Usar señales antes de cambiar el curso o dirección, parar o salir
- Cancelar la señal después de ser usada
- Estar seguro que la señal no confundirá a otros. Por ejemplo si quiere parar después de una calle lateral, no use la señal hasta que no haya pasado esa calle. Si la usa antes, puede dar la impresión que esta intentando voltear dentro de esa calle. Las luces de freno avisarán a los vehículos de atrás que está reduciendo la velocidad
- Use una señal de brazo para enfatizar o reforzar la señal si es necesario. Tenga en cuenta que señalizar no le da la prioridad.

86. También debe:
- Observar las señales dadas por otros usuarios de la vía y proceder solamente cuando esté convencido de que es seguro hacerlo
- Recordar que el indicador de otro vehículo podría no ser cancelado.

87. **TIENE** que obedecer las señales dadas por oficiales de policía, agentes de tránsito (Leer pagina 69) y por las patrullas de cruce de las escuelas.
Leyes RTRA sección 28, Ley RTA 1988 sección 35 y FTWO artículo 3

Semáforos y señales de tránsito
88. **TIENE** que obedecer los semáforos (Leer pagina 67) y señales de tránsito mandatarias, incluyendo señales temporales e indicaciones (Leer paginas 70 y 77) Asegúrese de que conoce, entiende y actúa ante todas las señales de tránsito e información y las marcas de la vía (Leer paginas 71 a 77)
Leyes RTA 1988 sección 36, TSRGD Regs. 10, 15, 16, 25, 26 & 33

89. **Proceso de la policía al momento de pararlo.** Si la policía desea detener su vehículo, ellos harán lo posible para atraer su atención
- Encendiendo y apagando repetidamente las luces azules o las luces frontales, o sonando la sirena o pito
- Indicando que se orille hacia la izquierda señalándole y/o usando el indicador de dirección

TIENE que orillarse y parar tan pronto como sea seguro hacerlo. Luego apague su motor. *Ley RTA 1988 sección 163*

90. Haciendo luces intermitentes. Solo use las luces plenas de manera intermitente, para dar a conocer a otros usuarios de la vía que se encuentra ahí. No encienda y apague repetidamente las luces altas con el fin de intimidar a otros.

91. Si otro conductor enciende las luces altas, no lo asuma como una señal para permitirle avanzar o salir. Use su juicio y proceda cuidadosamente.

92. El pito. Úselo solo cuando su vehículo esté en movimiento y necesite avisarle a otro de su presencia. Nunca use el pito de manera agresiva. **NO PUEDE** usar el pito:
- Mientras está estacionado en la vía
- Mientras conduce en un área residencial entre las 11:30pm y las 7:00am, **excepto** cuando otro vehículo representa un peligro.

Ley CRU Reg. 99

Requisitos de iluminación

93. TIENE QUE:
- Usar las luces principales en la noche, excepto en calles restringidas (aquellas con postes de iluminación con no más de 185 metros (600pies) de separación y generalmente sujetas a un limite de velocidad de 30mph)
- Usar las luces principales cuando la visibilidad se encuentre seriamente reducida (Ver regla No. 201)
- Asegurarse de que las luces laterales, traseras y la luz del registro del vehículo, estén iluminadas en la noche.

Leyes RVLR Regs. 24 & 25 & RV(R&L)R Reg.19

94. NO PUEDE:
- Usar luces que puedan enceguecer o causar incomodidad a otros
- Usar luces antineblina al frente o atrás, a no ser que la visibilidad este seriamente reducida y **TIENE** que apagarlas cuando la visibilidad mejore para evitar enceguecer a otros. *Ley RVLR Reg. 27*

95. Tambien debe:
- Usar luces medias en la noche en áreas edificadas y en el día en condiciones de clima oscuro para asegurarse de ser visto
- Conservar sus luces medias cuando sobrepase otro vehículo y cuando se empareje con él, cambiar a las altas si es necesario, a no ser que enceguezca el tráfico que viene
- Disminuir velocidad y si es necesario parar, si ha sido enceguecido por tráfico de la vía opuesta.

96. Luces de señal de peligro (de parqueo) Deben usarse cuando el vehículo esté parado para avisar que está obstruyendo temporalmente el tráfico. Nunca las use como pretexto para parqueo peligroso o no permitido. **NO PUEDE** usar luces de señal de peligro mientras conduce, a no ser que se encuentre en una autopista o doble calzada y necesite avisarle a los conductores de atrás que hay una obstrucción o peligros adelante. Solamente úselas por el tiempo necesario para asegurarse que su advertencia ha sido observada. *Ley RVLR Reg. 27*

Control del vehículo

Frenado

97. En circunstancias normales. La manera más segura de frenar es hacerlo con tiempo y suavemente. Frene de una manera mas firme a medida que empieza a parar. Relaje la presión justo antes de que el vehículo haya parado para evitar una parada brusca.

98. En una emergencia. Frene inmediatamente. Evite frenar tan fuerte que bloquee las llantas. Cuando las llantas se bloquean pueden patinar.

99. Deslizadas. El patinar es causado por frenado, aceleración, vuelta del timón muy brusca o conducir demasiado rápido para las condiciones de la vía. Si patina, suelte el freno y el acelerador y trate de guiar el timón suavemente en la dirección que está patinando. Por ejemplo, si la parte posterior del vehículo patina hacia la derecha, voltee la dirección rápida y suavemente a la derecha para recuperarlo.

La parte posterior del vehículo patina hacia la derecha

Voltee la dirección a la derecha

100. ABS La presencia de los sistemas de freno antibloqueo no es causa para que tenga que alterar la manera de frenar indicada en la regla 97. Sin embargo, en caso de una emergencia aplique el freno de pie rápida y firmemente y no lo suelte hasta que el vehículo haya reducido a la velocidad deseada. El sistema ABS asegura que el control de la dirección se mantenga.

101. Los frenos se afectan con el clima. Si condujo a través de charcos profundos, los frenos pueden ser menos efectivos. Pruébelos, a la primera oportunidad que tenga, presionando suavemente el pedal del freno, para asegurarse de que estén trabajando. Si no están operando total y Efectivamente, aplique una presión suave y ligera mientras conduce lentamente. Esto le ayudará a secarlos.

102. Avanzar en punto muerto (Coasting) Este término describe un vehículo viajando en neutro o con el embrague (clutch) apretado. **"NO LO HAGA"** cualquiera que sean las condiciones de conducción, esto reduce el control del conductor sobre el vehículo ya que:
- El freno del motor es eliminado
- La velocidad de un vehículo bajando aumenta rápidamente
- Al incrementarse el uso del freno de pie se puede reducir su eficiencia
- La respuesta del timón se ve afectada particularmente en las curvas y esquinas.
- Se hace más difícil el escoger el cambio de marcha apropiado cuando se necesite.

Limites de Velocidad
103. NO DEBE exceder los límites máximos de velocidad para la vía y el vehículo (Leer tabla pagina 27) Por norma general el límite máximo en las calles es de 30mph a no ser que existan señales mostrando otro límite.
Ley RTRA secciones 81, 86, 89 & esquema 6

104. La velocidad límite es un máximo absoluto y no significa que es seguro alcanzarla y mantenerla sin tener en cuenta las condiciones. Conducir a altas velocidades para la vía y para ciertas condiciones del tráfico puede ser peligroso. Siempre se debe reducir la velocidad cuando:
- El trazado de la vía o las circunstancias muestran peligros como curvas
- Comparte la vía con peatones, ciclistas (particularmente niños) y motociclistas
- Por condiciones climáticas es seguro hacerlo
- Conduzca durante la noche ya que es difícil ver otros usuarios de la vía.

Distancias de parada
105. Conduzca a una velocidad que le permita parar a la distancia que estime conveniente. Debe:
- Conservar suficiente distancia entre usted y el vehículo enfrente de tal manera que pueda disminuir la velocidad de una manera segura, si este disminuye o para inesperadamente. La norma más segura es solo acercarse hasta dejar la distancia promedio de parada (Mire el diagrama de Distancias típicas de parada, pagina 28)
- Dejar al menos un espacio de 2 segundos entre usted y el vehículo de enfrente en vías de tráfico rápido. El espacio debe ser el doble cuando la vía esté mojada y mucho más en vías congeladas
- Recuerde que vehículos largos y motocicletas necesitan una mayor distancia de parada.

Use un punto fijo que le ayude a medir un espacio de dos segundos

Limites de velocidad

Tipos de vehículos	Áreas Residenciales*	Doble calzadas y otras vías		Autopistas
		Vías de dos carriles	Vías de cuatro carriles	
	MPH	MPH	MPH	MPH
Carros y motocicletas (incluyendo carros reformados furgones de hasta 2 toneladas máximo peso cargado)	30	60	70	70
Carros remolcando caravanas o remolques (incluyendo carros reformados furgones y motocicletas)	30	50	60	60
Buses y autobuses (que no excedan doce metros de largo total)	30	50	60	70
Vehículos para el transporte de mercancías (que cargados no excedan 7.5 toneladas de peso)	30	50	60	70†
Vehículos para transporte de mercancías (que cargados excedan 7.5 toneladas de peso)	30	40	50	60

Estos son los limites nacionales de velocidad y se aplican a todas las vías a no ser que las señales lo manifiesten de otra manera

*El limite de 30mph se aplica a todo el tráfico en todas las vías en Inglaterra y Gales (y las vías Clase C y sin clasificar en Escocia) como norma establecida a no ser que las señales lo indiquen de otra manera

† 60 si es articulado o tira un remolque

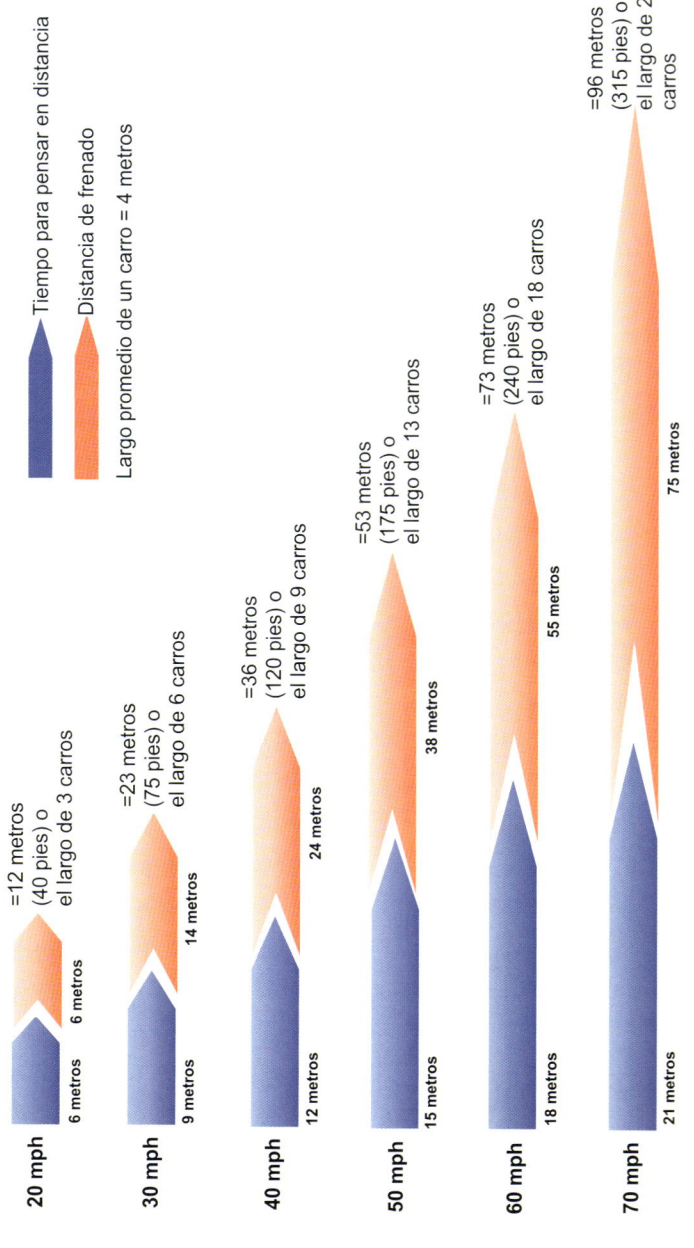

Líneas y marcas de los carriles en la vía

Diagramas de las líneas son mostrados en la pagina 75.

106. Una línea blanca quebrada. Determina el centro de una calle. Cuando las líneas son largas y con espacios cortos, quiere decir que existe un peligro adelante. No la cruce a no ser que pueda ver claramente hacia adelante y desee sobrepasar o voltear.

107. Doble línea blanca, donde la línea quebrada está cerca de usted. Significa que puede cruzarla para adelantar si es seguro hacerlo, condicionado a que la maniobra debe completarse antes de alcanzar una línea blanca constante. Flechas blancas sobre el pavimento le indican cuando debe volver a su lado de la vía.

108. Doble línea blanca, donde la línea continua está a su lado. Significa que **NO PUEDE** cruzarla o pararse sobre ella a no ser para entrar a sitios contiguos o a una calle lateral y hacerlo en el momento adecuado. De ser necesario también puede cruzarla, para pasar vehículos estacionados o adelantar ciclistas, jinetes o vehículos de mantenimiento de la vía, si se están moviéndose a una velocidad menor o igual a 10mph.
Leyes RTA sección 36 & TSRGD Regs. 10 & 26

109. Áreas con franjas diagonales blancas o "V" invertidas pintadas sobre la vía. Son para separar carriles o proteger tráfico volteando a la derecha:
- Si el área esta bordeada por una línea continua blanca, no debe entrar a excepción de una emergencia
- Si el área esta bordeada por una línea blanca interrumpida, no debe entrar a no ser que sea necesario y vea que es seguro hacerlo
- Si el área esta en una autopista y consiste de un triangulo delimitado por una línea blanca continua marcada con "V", **NO PUEDE** entrar en él excepto en una emergencia.

Leyes MT(EW)R Regs. 5,9 & 10 & MT(S)R Regs. 4, 8 & 9

110. Líneas Divisorias. Existen líneas blancas cortas que son usadas en vías amplias para dividirlas en carriles. Debe permanecer dentro de ellos.

111. Topes fluorescentes (luminosos) en la vía son usados junto con líneas blancas.
- Topes blancos demarcan los carriles (líneas) o la mitad de la vía
- Topes rojos marcan el borde izquierdo de la vía
- Topes ámbar marcan la reservación central de una doble calzada o de la autopista
- Topes verdes marcan el borde de la calzada principal hacia la reservación, una vía lateral o a vías de acceso.

Calzadas de múltiples carriles

Disciplina en el carril

112. Si necesita cambiar de carril, primero use los espejos y revise los puntos ciegos (las áreas que no puede ver por los espejos) para asegurarse de no forzar otro conductor a desviarse o reducir velocidad. Luego use las luces para señalar, mostrando así sus intenciones a otros usuarios de la vía. En cuanto pueda muévase de carril.

113. Debe seguir las señales y las marcas en las vías y estar en el carril que se indique. En vías congestionadas no cambie de carriles innecesariamente.

Calzadas de una sola vía (dirección)

114. Cuando una calzada de una vía tiene tres carriles y las marcas o señales en la vía no dan prioridad al tráfico en ninguna dirección:
- Use el carril del centro solo para adelantar o voltear a la derecha. Recuerde que usted no tiene mas derecho para usarlo que otro conductor viniendo del carril opuesto
- No use el carril de su mano derecha.

115. Cuando una calzada de una sola vía tiene cuatro o más carriles, use solo los carriles que las marcas o señales indiquen.

Calzadas de doble vía (dobles)

116. En una doble calzada con dos carriles en cada dirección se debe estar en el carril izquierdo. Use el carril de la derecha para sobrepasar o para voltear a la derecha. Si lo usa para sobrepasar vuelva al carril izquierdo en cuanto sea posible.

117. En una doble calzada de tres carriles en cada dirección, puede usar el carril del centro o el de la derecha para sobrepasar otro vehículo, pero debe retornar al del centro y luego al de mano izquierda en cuanto sea posible.

118. Carriles de ascenso y de tractores. Estas son provistas en algunas colinas. Úsela si conduce un vehículo de movimiento lento o si hay vehículos detrás deseando sobrepasarlo.

119. Rutas de ciclistas. Son indicadas a través de señales o marcas en la vía. **NO PUEDE** conducir o estacionarse durante los periodos de operación de las marcadas con una línea blanca continua. No conduzca o aparque en una ruta para ciclistas marcada con una línea blanca discontinua a no ser que sea inevitable. **NO PUEDE** parquear en una ruta para ciclistas en la cual se establecen restricciones de espera. *Ley RTA secciones 5 &8*

120. Carriles para buses y tranvías. Son determinados por señales y marcas en la vía. **NO PUEDE** conducir o parar en una carril para tranvía o de

autobús durante el periodo de operación a no ser que las señales le indiquen que puede hacerlo. *Ley RTA secciones 5 & 8*

121. Calles de una sola vía. El tráfico DEBE moverse en la dirección indicada por las señales. Autobuses y/o ciclistas pueden tener un carril de contra flujo. Escoja el carril correcto para la salida tan pronto como pueda. No cambie de carril inesperadamente. A no ser que las señales o marcas de la vía indiquen otra cosa, se debe usar
- El carril izquierdo cuando va hacia la izquierda
- El carril derecho cuando va hacia la derecha
- El carril mas apropiada cuando va recto

Recuerde que puede encontrar vehículos pasando a ambos lados.

Consejo General

122. NO DEBE
- Conducir de una manera peligrosa
- Conducir sin el debido cuidado y atención
- Conducir sin consideración con otros usuarios de la vía.

Ley RTA 1988 secciones 2 & 3 enmendada por RTA 1991

123. NO DEBE conducir en o sobre la acera, sendero para animales o paso peatonal excepto para obtener acceso legalmente permitido a una propiedad.
Leyes HA1835 sección 72 & RTA sección 34

124. Adapte su manera de conducir al tipo y condiciones de la carretera en que se encuentre. En particular:
- No asuma los límites de velocidad como retos. Generalmente no es apropiado o seguro conducir al límite máximo de velocidad
- Tenga en cuenta el estado de la carretera y el tráfico. Prepárese para situaciones inesperadas y difíciles, por ejemplo, la vía bloqueada delante de una curva ciega. Sea precavido y esté listo para ajustar la velocidad
- En intersecciones de vías este atento, otros vehículos pueden aparecer por otras salidas
- En vías laterales y carreteras secundarias cuídese de intersecciones sin marcar donde nadie tiene prioridad
- Trate de anticipar lo que los peatones y ciclistas quieren hacer. Si los peatones, particularmente niños, están mirando para otra parte, pueden caminar a la calle sin percatarse de su presencia.

125. Sea considerado y cuidadoso con otros usuarios de la vía. Podría:
- Tratar de entender si otros conductores causan problemas; ellos pueden ser inexpertos o no conocer bien el área
- Ser paciente, recuerde que cualquiera puede cometer errores
- No dejarse irritar o envolver si alguien está actuando descortésmente en la vía, esto empeora la situación. Orille su carro, cálmese y cuando se sienta relajado continúe su jornada

- Disminuya la velocidad y permanezca atrás si un vehículo se le atraviesa a la salida de una intersección, permítale el paso. No reaccione acercándosele demasiado.

126. Conducir de manera segura necesita concentración Evite distracciones mientras conduce tales como:
- Música a demasiado volumen (Esto puede ocultar otros sonidos)
- Tratar de leer mapas
- Introducir una cinta de audio (casete) o un disco compacto (CD) o sintonizar su radio
- Comer y conducir
- Discutir con los pasajeros u otros usuarios de la vía.

Uso de teléfonos móviles y tecnología en el vehículo
127. DEBE tener control total del vehículo en todo momento. Nunca sostenga en su mano un teléfono móvil o micrófono que está usando mientras conduce. Usar el equipo de manos libres también puede distraer su atención en la vía, es mucho más seguro no usar ningún teléfono mientras está conduciendo, busque primero un lugar seguro para parar.
Ley RTA 1988 secciones 2 & 3

128. El uso de tecnología como sistemas de guía y navegación, sistemas de aviso de congestión, computadores personales, multimedia, etc., es peligroso ya que distrae el conductor. No opere, ajuste o vea ninguno de estos sistemas mientras conduce; **SE DEBE** ejercer control total del vehículo en todo momento. Si necesita usarlos encuentre primero un lugar seguro.
Ley RTA 1988 secciones 2 & 3

En situaciones de lento movimiento del tráfico
129. Debe
- Reducir distancia con el carro del frente para mantener el flujo del tráfico
- Nunca estar demasiado cerca al vehículo de enfrente de manera que no pueda parar de manera segura
- Dejar suficiente espacio que le permita maniobrar si el vehículo de enfrente frena o si un vehículo de emergencia necesita paso
- No cambiar de carril a la izquierda para sobrepasar otro vehículo
- Permitir el acceso así como la salida de calles laterales ya que bloquear estas solo produce más congestión.

No bloquee el acceso a una calle lateral

Conduciendo en áreas residenciales

130. Calles angostas y residenciales. Debe conducir lenta y cuidadosamente en calles donde seguramente hay peatones, ciclistas y vehículos parqueados. En algunas áreas una velocidad limite máxima de 20mph puede ser de carácter forzoso. Cuídese de:
- Vehículos saliendo de las intersecciones
- Vehículos iniciando marchas.
- Puertas de carros que estén abriendo
- Peatones
- Niños corriendo en la vía y por entre los carros parqueados
- Ciclistas y motociclistas

131. Medidas para moderar el tráfico. En algunas vías existen elementos como policías acostados (jorobas), salientes de la vía y reductores de amplitud que tienen la función de hacer disminuir la velocidad. Cuando se acerque a ellos reduzca velocidad. Permita a los ciclistas y motociclistas suficiente espacio para pasar a través de ellos. Conserve la velocidad disminuida mientras se encuentre en vías con estos dispositivos. Ceda la vía al tráfico que viene si las señales lo establecen. No debe sobrepasar otros vehículos en movimiento mientras se encuentre en estas áreas.

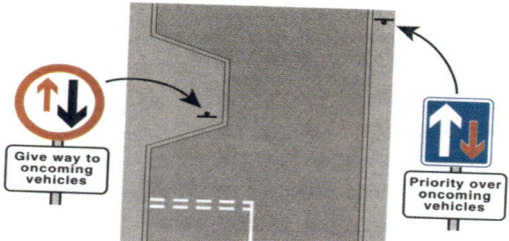

Salientes en la vía son usadas para hacer el tráfico mas lento

Vías secundarias

132. Tenga más cuidado en vías secundarias y reduzca la velocidad al acercarse a curvas, ya que estas pueden ser mas cerradas de lo que aparentan, también en intersecciones menores y virajes que puedan estar parcialmente escondidos. Este atento, peatones, ciclistas o jinetes pueden estar caminando o montando en la vía. También debe reducir velocidad cuando una vía secundaria que llegue a pequeñas poblaciones.

133. Caminos de una sola vía. Estos solo cuentan con el ancho como para un vehículo y tienen lugares especiales para permitir pasar otro vehículo. Si observa que viene un vehículo o el conductor de atrás desea sobrepasarlo, oríllese en un lugar de paso a su izquierda o espere al frente de un lugar de paso a su derecha. Ceda la vía a los vehículos que vienen subiendo, si es necesario, devuélvase y permita pasar al otro vehículo.

134. No se estacione en lugares de paso.

EL USO DE LA VÍA

Reglas Generales

135. Antes de iniciar la marcha debe:
- Usar todos los espejos para revisar que la vía está libre
- Mirar a su alrededor para revisar los puntos ciegos (las áreas que no puede ver a través de los espejos)
- Usar señales si es necesario antes de moverse
- Mirar a su alrededor para hacer un último chequeo

Salga solamente cuando es seguro hacerlo.

Revise sus puntos ciegos antes de iniciar la marcha

136. Una vez esté en movimiento debe:
- Permanecer a la izquierda, a no ser que las señales o marcas en la vía indiquen otra cosa. Se exceptúan los casos en los cuales quiera sobrepasar, voltear a la derecha, pasar vehículos parqueados o peatones
- Permanecer bien a la izquierda en curvas doblando a la derecha, esto mejora la visibilidad de la vía y ayuda a evitar el riesgo de colisión con tráfico aproximándose de la dirección opuesta
- Mantener con ambas manos sobre el volante mientras sea posible, esto ayuda a conservar el control total del vehículo en todo momento
- Estar pendiente de otros vehículos especialmente bicicletas y motocicletas. Estas son más difíciles de ver que los vehículos largos y sus conductores son particularmente vulnerables. Deles suficiente espacio especialmente si conduce un vehículo largo o si arrastra un remolque
- Seleccionar un cambio bajo antes de alcanzar una bajada de una cuesta larga, esto ayuda a controlar la velocidad
- Cuando esté remolcando, recuerde que tiene una parte extra que afectara el adelantar otro vehículo y el maniobrar. El peso extra también afectará el frenado y la aceleración.

Espejos

137. Todos los espejos deben ser usados eficazmente a lo largo de su jornada. Se debe:
- Mirar los espejos frecuentemente de tal manera que siempre sepa que hay detrás y en cada uno de los lados

- Mirarlos con tiempo suficiente antes de señalar o cambiar de dirección o velocidad
- Estar pendiente ya que sus espejos no cubren todas las áreas, tienen puntos ciegos. Se debe voltear la mirada y revisar

Recuerde: Espejos-Señal-Maniobra.

Sobrepasando otros vehículos

138. Antes de sobrepasar debe estar seguro de que:
- La vía adelante está suficientemente despejada
- El vehículo de atrás no ha empezado a sobrepasarlo
- Existe un espacio apropiado enfrente del vehículo que piensa sobrepasar.

139. Sobrepase solamente cuando es seguro hacerlo. Recuerde:
- No se acerque demasiado al vehículo que intenta sobrepasar
- Use los espejos, señale, haga un recorrido rápido con su mirada a las áreas de puntos ciegos y en cuanto sea seguro empezar a salirse
- Nunca asuma que puede seguir el vehículo de enfrente cuando él está sobrepasando. Adelante podría haber espacio solo para un vehículo
- Muévase rápidamente y pase el vehículo que empezó a sobrepasar. Permita suficiente espacio para regresar a la izquierda tan pronto como pueda y sin cerrar el otro vehículo
- Sea extra cuidadoso durante la noche y en condiciones de poca visibilidad, ya que es más difícil juzgar velocidad y distancia
- Permita el paso a vehículos que vengan en dirección opuesta antes de pasar vehículos parqueados u otras obstrucciones a su lado de la vía
- Solamente sobrepase por la izquierda si el vehículo del frente esta señalando para doblar a la derecha y si hay suficiente espacio para hacerlo
- Permanezca en su carril si el tráfico se mueve lentamente en filas. Si la hilera a su derecha se mueve mas lento, usted adelantará por la izquierda
- Dele a motociclistas, ciclistas y jinetes tanto espacio como el que le daría a un vehículo cuando lo esté sobrepasando (Ver reglas 188, 189 y 191)

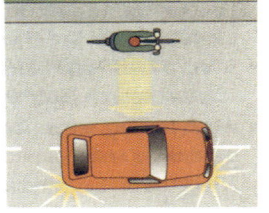

Recuerde: Espejos – Señal – Maniobra

No le cierre el paso a otro vehículo cuando sobrepasa

140. Vehículos largos. Sobrepasarlos es más difícil. Se debe:
- Alejar para aumentar su posibilidad de ver hacia delante. Acercarse demasiado a vehículos largos oscurece su visión hacia adelante de la vía e impide ver si hay otro vehículo de lento movimiento al frente
- Asegurar que tiene suficiente espacio para completar la maniobra de sobrepasar antes de comprometerse usted mismo. Toma mucho más tiempo el sobrepasar un vehículo largo. Si duda no sobrepase
- No asumir que puede seguir el vehículo de enfrente cuando está sobrepasando un vehículo largo. Si surge algún problema, él puede desistir de sobrepasar y entrar nuevamente al carril.

141. NO SE PUEDE sobrepasar:
- Si debe cruzar o pararse en una doble línea blanca continua que se encuentre a su lado (Ver regla No.108 para complementar)
- Si tiene que entrar en un área diseñada para dividir el tráfico que está demarcada por una línea continua blanca
- El vehículo que esté más cerca a un cruce peatonal, especialmente cuando ha parado para dejar pasar peatones
- Si tiene que entrar a una línea reservada para buses, tranvías o bicicletas durante sus horas de operación
- Después de una señal de "No Sobrepasar" (No Overtaking) y hasta que haya pasado otra señal cancelando la restricción.

Leyes RTA 1988 sección 36, TSRGD Reg. 10 & ZPPPCR Reg. 24

142. NO sobrepase si tiene alguna duda o cuando no pueda ver hacia adelante lo suficientemente, para asegurarse de que es una maniobra segura. Por ejemplo, cuando se aproxima:
- A una esquina ciega
- A la joroba de un puente
- A la cumbre de una colina

143. NO sobrepase cuando se ponga en conflicto con otros usuarios de la vía. Por ejemplo:
- Acercándose o en una intersección a cualquier lado de la vía

- Cuando la vía se vuelva angosta
- Cuando se acerca a un cruce escolar, controlado por patrulleros
- Entre la acera y un autobús o tranvía que están en un paradero
- Cuando hay filas de trafico en intersecciones o por trabajos en la vía
- Si va a forzar a otro vehículo a desviarse o reducir su velocidad
- En un paso a nivel
- Cuando un vehículo este indicando a la derecha, así crea que es errado porque la señal no ha sido cancelada. No tome el riesgo, espere a que la señal sea cancelada.

144. Cuando lo sobrepasen. Si tratan de sobrepasarlo, conserve un curso y velocidad constantes. Si es necesario, disminuya velocidad y permita el paso. Nunca obstruya a quien desee sobrepasar. Acelerar súbitamente cuando alguien lo está sobrepasando es peligroso. Si alguien lo sobrepasa y se ubica enfrente, permanezca atrás y tome un espacio de dos segundos.

145. No propicie una hilera larga de tráfico, especialmente si conduce un vehículo largo o de movimiento lento. Revise sus espejos frecuentemente y si es necesario, cámbiese de carril en cuanto pueda y permita al tráfico pasar.

Cruces de vías
146. Sea muy precavido en los cruces. Debe:
- Estar pendiente de motociclistas y peatones ya que no siempre son fáciles de ver
- Estar pendiente de los peatones cruzando la calle en la que usted está doblando. Si ellos han empezado a cruzar, tienen la prioridad, así que deles la vía
- Estar pendiente de vehículos largos que estén volteando en un cruce más adelante; ellos pueden estar usando todo el ancho de la vía para poder doblar (Ver regla No.196)
- Cuando espera en un cruce, no asumir que un vehículo que viene de la derecha y señalando a la izquierda va a voltear. Espere y este seguro
- No cruzar o tomar una vía hasta que exista un espacio suficientemente grande y seguro para que lo haga

147. En los cruces con la señal de "PARE" (STOP) y una línea blanca continua que cruza la vía, **TIENE** que parar detrás de la línea. Espere un espacio seguro en el tráfico antes de salirse.
Leyes RTA 1988 sección 36 & TSRGD Reg. 10& 16

148. Al aproximarse a un cruce encontrará una señal de "Ceda la Vía" (Give Way) o un triángulo marcado sobre la vía. Cuando salga por una vía marcada con líneas discontinúas a lo ancho **TIENE** que darle prioridad al tráfico sobre la vía principal.
Leyes RTA 1988 sección 36 & TSRGD Reg. 10 & 25

149. Doble calzada. Cuando cruce o doble a la derecha primero evalué si la reservación central es suficientemente ancha para proteger todo el vehículo
- Si lo es, entonces asuma cada mitad de la calzada como una vía separada. Espere en la reservación central hasta que en la segunda mitad de la vía haya suficiente espacio en el tráfico
- Si la reservación central es muy angosta para el largo de su vehículo, espere hasta que pueda cruzar de una sola vez ambas calzadas

Evalúe el largo de su vehículo y no obstruya el tráfico

150. Cajas en los cruces. Están pintadas en el pavimento y tienen líneas amarillas entrecruzadas (Ver pagina 77) **NO SE PUEDE** entrar en la caja hasta que la calle o carril de salida esté libre. Sin embargo, puede entrar cuando desea voltear a la derecha y deba detenerse por el tráfico que viene en dirección opuesta o por otros vehículos que esperan doblar a la derecha.
Ley TSRGD Reg. 10(1)

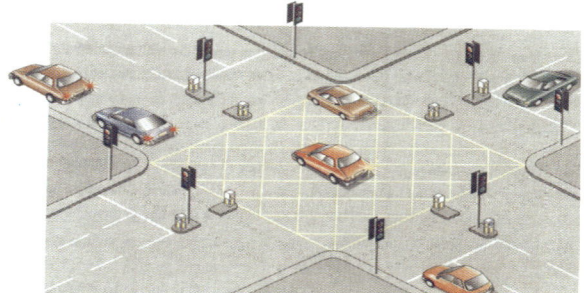

Solamente entre en la caja de cruces si su vía de salida esta libre

Cruces controlados por semáforos

151. TIENE que detenerse detrás de la línea blanca de pare que cruza el carril a lo ancho, a no ser que la luz este en verde. Si la luz ámbar se ilumina y ha cruzado la línea de pare o está a punto de hacerlo, continué, ya que parar podría causar un accidente. *Leyes RTA 1988 sección 36 & TSRGD Regs. 10 & 33*

152. NO PUEDE pasar de la línea blanca cuando la luz roja esta encendida. Avance solo cuando el semáforo esté en verde y tenga suficiente espacio para pasar el cruce si está tomando posición para voltear a la derecha. Si el semáforo no está en funcionamiento, proceda con precaución.
Leyes RTA 1988 sección 36 & TSRGD Regs. 10 & 33

153. Flecha verde de avance anexa al semáforo. Indica el avance únicamente para un carril. No entre a ese carril a no ser que desee ir en la dirección que la flecha señala. Puede proceder en la dirección indicada, cuando la flecha o la luz verde se iluminen. Dele tiempo y espacio al otro tráfico, especialmente a los ciclistas, para situarse en el carril correcto.

154. Líneas anticipadas de pare. Algunos cruces tienen líneas anticipadas de pare o áreas para buses, con el fin de permitirles a los ciclistas y buses situarse adelante del otro tráfico. Los conductores deben esperar detrás de la primera línea blanca y no invadir el área demarcada. Dele a los ciclistas y buses tiempo y espacio para moverse cuando la luz verde se ilumine.
Leyes RTA 1988 sección 36 & TSRGD Regs. 10 & 33

No invada el área marcada para los ciclistas

Volteando a la derecha
155. Antes de voltear a la derecha debe:
- Usar los espejos para estar seguro que sabe la posición y movimientos del tráfico de atrás
- Señalizar hacia la derecha
- Tomar posición justo a la izquierda del medio de la vía o en el espacio marcado para el tráfico que voltea a la derecha
- Si es posible, dejar lugar a la izquierda para que otros vehículos pasen

Ubique su vehículo correctamente para evitar obstruir el tráfico

156. Espere hasta que haya suficiente espacio entre usted y cualquier vehículo que venga en dirección opuesta. Esté pendiente de ciclistas, motociclistas y peatones. Revise nuevamente espejos y puntos ciegos para asegurarse de que no lo están sobrepasado, luego voltee. No corte esquinas, Tenga mucho cuidado cuando voltea hacia una vía principal pues necesitará fijarse en el tráfico de ambas direcciones y esperar a que tenga un espacio seguro.

Recuerde: Espejos – Señal – Maniobra

157. Cuando gire a la derecha en un cruce de vías y los vehículos que vienen en dirección opuesta también están volteando, puede escoger uno de los siguientes métodos:
- Voltear lado derecho con lado derecho de los vehículos. Mantenga el otro vehículo a su derecha y voltee por detrás de él. Este es el método mas seguro ya que se tiene una vista clara del tráfico que se aproxima mientras se completa el giro
- Lado izquierdo con lado izquierdo, se gira al frente del otro vehículo. Con este método, la vista clara del tráfico que se aproxima es bloqueada, tenga más cuidado

El trazado de la vía muestra cómo ubicar los vehículos y determina el curso a ser tomado.

Volteando lado derecho a lado derecho   Volteando lado izquierdo a lado izquierdo

Doblando a la izquierda

158. Use los espejos y señalice a la izquierda con suficiente tiempo. No sobrepase y esté pendiente del tráfico que vaya a su izquierda antes de doblar, especialmente si conduce vehículos largos. Ciclistas y motociclistas pueden encontrarse ocultos a la vista.

No le corte la vía a los ciclistas

159. Cuando voltee:
- Permanezca hacia la izquierda tanto como sea seguro y práctico
- Dele la vía a cualquier vehículo que use el carril de buses, de ciclistas o la vía del tranvía en cualquier dirección.

Glorietas

160. Al acercarse a una glorieta tenga en cuenta y actué de acuerdo con la información que en ella encuentre, incluyendo las señales de tránsito, semáforos y marcas en la vía que guían dentro del carril correcto. Debe:
- Usar **Espejos – Señal – Maniobra** en todo momento
- Decidir que salida va a tomar tan pronto como sea posible
- Dar la señal apropiada (Ver regla 162) Señalar con tiempo para evitar confundir otros usuarios de la vía
- Tomar el carril correcto
- Ajustar la velocidad y posición de tal manera que se adapte a las condiciones del tráfico
- Determinar la velocidad y posición el tráfico a su alrededor

Siga el procedimiento correcto en las glorietas

161. Cuando haya tomado la glorieta debe:
- Darle prioridad al tráfico que se acerca por su derecha, a no ser que las señales, marcas en la vía o semáforos indiquen lo contrario
- Revisar si hay señales que autoricen tomar la glorieta sin ceder la vía, si las hay, avance sin dejar de mirar a su derecha
- Observar los vehículos que están en la glorieta y estar atento, ya que pueden estar señalando incorrectamente o no hacerlo del todo
- Mirar hacia adelante antes de ponerse en marcha, para asegurarse que el tráfico enfrente se ha movido

162. Señalar y ubicarse. A no ser que señales o marcas en la vía lo indiquen de otra manera:

Cuando va a tomar la primera salida:
- Señale a la izquierda y acérquense por el carril izquierdo
- Permanezca a la izquierda en la glorieta y continué usando la señal a la izquierda para salirse

Cuando va a tomar una salida intermedia:
- No use el indicador cuando se aproxime a la glorieta
- Cuando se aproxime a la glorieta, sitúese en el carril derecho o en el central en una vía de tres carriles (En una vía de dos carriles, puede aproximarse por el carril izquierdo si el derecho esta bloqueado)

- Permanezca en ese carril hasta que necesite cambiar su curso para salir de la glorieta
- Después de haber pasado la salida anterior a la que desea tomar, señale a la izquierda

Cuando va a tomar la ultima salida o hace un circulo completo
- Señale a la derecha y aproxímese por el carril derecho
- En la glorieta, manténgase a la derecha hasta que necesite cambiar de carril para salir
- Después de haber pasado la salida anterior a la que desea tomar, señale a la izquierda

Cuando hay mas de tres carriles para entrar a una glorieta, use el carril más apropiado al acercarse y a lo largo de ella.

163. En todos los casos tenga cuidado y dele suficiente espacio a:
- Peatones cruzando en las entradas y salidas de las glorietas
- El tráfico cruzando al frente suyo y que está pasando por la glorieta, especialmente vehículos tratando dejar la glorieta en la siguiente salida
- El tráfico ocupando dos carriles al tiempo o ubicado incorrectamente
- Motociclistas
- Ciclistas y jinetes en el carril izquierdo señalando a la derecha y que intentan continuar dándole la vuelta a la glorieta
- Vehículos largos (incluyendo aquellos halando remolques) que por el tamaño pueden tomar un curso diferente al acercarse o en la glorieta, percátese de sus señales

164. Glorietas pequeñas o mini-glorietas. Aproxímese de la misma manera que a una glorieta. Todos los vehículos **TIENEN** que rodear la marca central de la mini-glorieta excepto los vehículos largos que son físicamente incapaces de hacerlo. Recuerde que allí hay menos espacio para maniobrar y menos tiempo para señalizar. Este pendiente de vehículos girando en "U".
Leyes RTA 1988 sección 36 & TSRGD Reg. 10 (1)

165. En una mini-glorieta doble cada glorieta debe ser tratada separadamente. Debe dar la vía al tráfico de su derecha.

Asuma cada glorieta separadamente

166. Múltiples glorietas. En intersecciones muy complejas, se pueden encontrar una serie de glorietas pequeñas. Trate cada glorieta independientemente y siga las reglas normales.

Cruces Peatonales

167. **NO PUEDE** parquear sobre cruces o en áreas marcadas con líneas en zigzag. **NO PUEDE** sobrepasar un vehículo en movimiento que esté acercándose al cruce o que ha parado para darle vía a los peatones.
Leyes ZPPPCRGD Regs. 18, 20 & 24 & RTRA sección 25(5)

168. En una cola de vehículos, usted debe dejar el cruce libre.

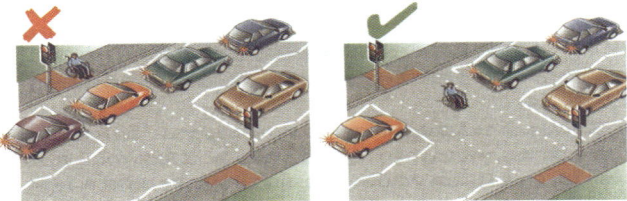

Conserve el cruce libre en todo momento

169. Debe tener mucho cuidado cuando la visión a cualquiera de los lados de un cruce esté bloqueada por una cola de tráfico o vehículos incorrectamente parqueados. Peatones pueden estar cruzando entre vehículos estacionados.

170. Dele a los peatones tiempo suficiente para cruzar y nos los acose revolucionando su motor, ni acercándoseles.

171. Cruces cebra. Al acercarse a un cruce cebra:
- Tenga cuidado con las personas que esperan para cruzar y esté preparado para disminuir su velocidad o detenerse para dejarlos pasar
- **TIENE** que darle la vía a quien se ha movido dentro del cruce
- Provea más tiempo para detenerse sobre vías mojadas o congeladas
- No sugiera a las personas que crucen, puede ser peligroso si otro vehículo se está aproximando
- Esté pendiente de peatones aproximándose por un lado del cruce

Leyes ZPPPCR Reg. 25

Cruces controlados por señales

172. Cruces pelícano. Son cruces controlados por señales en las cuales a una luz ámbar intermitente le sigue una luz roja de "PARE" (STOP). **TIENE** que parar cuando la luz roja se ilumine. Cuando la luz ámbar esté titilando, **TIENE** que dar la vía a cualquier peatón en el cruce. Si la luz ámbar esta parpadeando y no hay peatones en el cruce, debe proceder con precaución.
Leyes ZPPPCRGD Regs. 23 & 26 & RTRA sección 25(5)

Cuando la luz ámbar esta parpadeando permítale cruzar a los peatones

173. Los cruces pelícano que van a lo ancho de la calle, sin importar que tengan una isla central, son un solo cruce. **TIENE QUE** esperar a que pasen los peatones que estén cruzando desde el otro lado de la isla.
Ley ZPPPCRGD Reg. 26 & RTRA sección 25(5)

174. Dele la vía a los peatones que están cruzando en el momento en que la señal para los vehículos cambia a verde.

175. Cruces tucán y puffin. Son similares a los cruces pelícano, pero sin la fase titilante de la luz ámbar.

Reversar

176. Escoja un lugar apropiado para maniobrar. Si necesita hacer un giro total, espere hasta que encuentre un lugar seguro para hacerlo. En lo posible no reverse o de la vuelta al vehículo en una vía muy congestionada, busque una calle lateral menos transitada, conduzca alrededor de un bloque o por calles adyacentes.

177. No reverse desde una calle lateral dentro de una calle principal. De ser posible, cuando use un acceso reverse dentro de él, para luego salir con su carro hacia el frente.

178. Mire cuidadosamente antes de empezar a reversar. Se debe:
- Usar los espejos
- Revisar los "puntos ciegos" atrás (la parte de la vía que no puede ver fácilmente en sus espejos)
- Revise que no haya peatones atrás, particularmente niños y ciclistas u obstrucciones en la vía
- Principalmente, mire a través de su vidrio trasero
- Revise todo su alrededor al momento de empezar a voltear y recuerde que el frente de su vehículo virará hacia fuera a medida que voltea
- Pídale a alguien que lo guíe si no puede ver claramente

Revise todo a su alrededor cuando reverse

179. NO PUEDE reversar el vehículo más de lo necesario.
Ley CUR Reg. 106

USUARIOS DE LA VÍA QUE REQUIEREN ATENCIÓN ESPECIAL

180. Los usuarios más vulnerables en las vías son los peatones, ciclistas, motociclistas y jinetes. Es muy importante estar pendiente de niños, ancianos, gente con limitaciones, jinetes y conductores aprendices e inexpertos.

Peatones

181. En áreas urbanas existe el riesgo de encontrar inesperadamente peatones, en especial niños, caminando en la vía. Debe conducir teniendo en mente a todo momento la seguridad de los niños y a una velocidad apropiada para las condiciones de la vía.

182. Conduzca cuidadosa y lentamente cuando:
- Esté en calles comerciales, concurridas o áreas residenciales
- Pase paraderos de buses o tranvías; los peatones pueden salir inesperadamente a la vía
- Pase vehículos parqueados, especialmente camionetas de helados, los niños están más interesados en los helados que en el tráfico y podrían correr a la vía inesperadamente
- Necesite cruzar una acera. Por ejemplo, para alcanzar una entrada a una propiedad
- Reverse dentro de una calle lateral. Mire todo alrededor de su vehículo y ceda el paso a cualquier peatón que esté cruzando
- Doble en una intersección. Ceda la vía a los peatones que hayan empezado a cruzar la calle a la que este doblando
- La acera este cerrada debido a reparaciones de la calle y los peatones han sido instruidos para usar la calle

En áreas muy concurridas tenga cuidado con los niños

183. Peatones particularmente vulnerables. Incluyen:
- Niños y ancianos, pues algunas veces no están en capacidad para juzgar la velocidad a la que usted se mueve y pueden aparecer justo enfrente. Es probable que a 40mph un vehículo mate un peatón si es golpeado. A 20mph solo existe la probabilidad de 1 en 20 de que un peatón resulte muerto. Por lo tanto mate su velocidad
- Los ancianos, que normalmente requieren más tiempo para cruzar la calle. Sea paciente y permítales tomarse el tiempo necesario para cruzar. No los acose revolucionando su motor o acercándoseles
- Personas ciegas o parcialmente ciegas que sostienen un bastón blanco (blanco con banda roja para sordos y ciegos) o llevan un perro guía

- Personas con impedimentos. Aquellos con problemas de oído podrían no percatarse cuando un vehículo se aproxima. Aquellos con dificultades para caminar requieren más tiempo

184. Cerca de las escuelas. Conduzca lentamente y esté pendiente sobre todo de jóvenes en bicicleta y peatones. En algunos lugares, debajo de la señal que avisa la proximidad de una "Escuela" (School) hay una luz ámbar parpadeante para advertir que más adelante puede haber niños cruzando la vía. Conduzca muy lento hasta que pase el área.

185. Conduzca cuidadosamente cuando pase un bus estacionado y exhibiendo una señal de "Bus Escolar" (School Bus) (Ver pagina 78), ya que, los niños pueden estar descendiendo o ascendiendo al bus.

186. TIENE que parar cuando un patrullero de cruce escolar muestra la señal de **"STOP" (PARE)** y autoriza a los niños a cruzar (Ver pagina 70)
Ley RTRA sección 28

Motociclistas y ciclistas
187. Generalmente es más difícil ver motociclistas y ciclistas cuando se aproximan desde atrás, salen de intersecciones y en las glorietas. Siempre este pendiente de ellos cuando salga de una intersección.

Este pendiente de motociclistas en las intersecciones

188. Cuando sobrepase motociclistas y ciclistas, deles suficiente espacio (Ver regla No.139) Si miran por encima del hombro mientras van delante de usted, puede ser que muy pronto van a voltear a la derecha. Deles tiempo y espacio para hacerlo.

189. Motociclistas y ciclistas pueden esquivar inesperadamente superficies disparejas, obstáculos como tapas de drenajes, regueros de aceite, tramos mojados o congelados en la vía. Deles suficiente espacio.

Otros usuarios de la vía
190. Animales. Cuando sobrepase animales, conduzca lentamente. Deles suficiente espacio y este listo para detenerse. No asuste los animales sonando el pito o acelerando el motor. Tenga mucho cuidado y examine si en las vías estrechas de áreas rurales, están arreando o montando animales y mantenga baja la velocidad en las curvas a mano izquierda. Si una calle está

bloqueada por un rebaño pare y apague su motor hasta que hayan abandonado la vía. Esté pendiente de animales en vías sin cercas.

191. Jinetes. Tenga cuidado con jinetes y caballos, especialmente cuando los sobrepasa. Páselos lentamente y alejado. Generalmente los jinetes son niños, por eso debe ser muy cuidadoso y recordar que los jinetes montan en doble fila cuando escoltan un jinete joven o inexperto. Este pendiente de señales que avisan la presencia de jinetes y acate la orden de disminuir la velocidad o parar. Trate los caballos como un peligro potencial y tenga bastante cuidado.

192. Conductores ancianos. Las reacciones pueden ser más lentas que las de otros conductores. Sea comprensivo ante esto.

193. Aprendices y conductores inexpertos. A veces no cuentan con las aptitudes para reaccionar ante eventualidades. Sea especialmente paciente con conductores aprendices y conductores jóvenes. Quienes hayan pasado recientemente el examen de conducción deben exhibir una placa o autoadhesivo de "Nuevo conductor" (new driver)

Otros vehículos
194. Vehículos de emergencia. Debe advertir y escuchar la presencia de ambulancias, máquinas de bomberos, patrullas y otros vehículos de emergencia prendiendo luces intermitentes azules, rojas o verdes, luces principales o sirenas. No se asuste cuando uno de ellos se aproxima. Observe la ruta que trae el vehículo y tome la acción apropiada para permitirle pasar. Si es necesario, oríllese a un lado de la calle y pare, pero no ponga en peligro a otros usuarios de la vía.

195. Vehículos eléctricos para personas discapacitadas. Estos pequeños vehículos viajan a una velocidad máxima de 8mph. En una doble calzada ellos **TIENEN** que portar una luz ámbar titilante, pero en otro tipo de vías usted no cuenta por anticipado con ninguna advertencia.
Ley RVRL Reg. 17(1)

196. Vehículos largos. Estos necesitan más espacio para voltear o para sortear obstáculos que usted no está en capacidad de ver. Si está siguiendo un vehículo largo como un bus o un camión articulado, él puede necesitar espacio o tiempo para voltear. Prepárese por si acaso para parar y esperar.

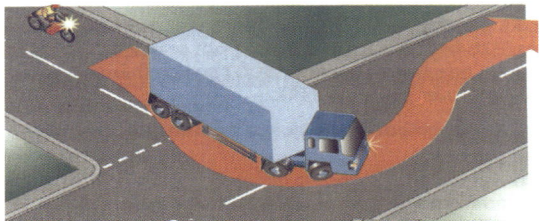

Vehículos largos necesitan mas espacio

197. Los vehículos largos pueden bloquear su visión. Su habilidad para ver y para planear hacia adelante mejorará, si permanece atrás e incrementa su distancia de separación.

198. Autobuses, buses de lujo y tranvías. Mientras pueda hacerlo de una manera segura, deles prioridad a este tipo de vehículos, especialmente cuando ellos señalan para salir de los paraderos. Este pendiente de las personas saliendo de autobuses o tranvías a cruzar la calle.

199. Vehículos eléctricos. Sea cuidadoso con vehículos eléctricos tales como carros de leche y tranvías. Los tranvías se mueven rápida y silenciosamente y no pueden esquivarlo.

200. Vehículos con luces titilantes de color ámbar. Avisan que el vehículo es de movimiento lento (tractor o vehículo de rescate) o es un vehículo que se ha averiado, por lo tanto aproxímese con precaución.

CONDUCIENDO EN CONDICIONES ADVERSAS DE CLIMA

201. Cuando la visibilidad se reduce seriamente razón por la cual no se puede ver a más de 100 metros (328pies) **SE TIENEN** que usar las luces principales o focos. También se pueden usar las luces traseras y delanteras para neblina (en adición a los focos principales), pero se **TIENEN** que apagar inmediatamente mejore la visibilidad (Ver regla No.211)
Ley RVLR Regs. 25 & 27

Lluvia
202. Bajo la lluvia, la distancia de parada es al menos el doble de la requerida en vías secas (Ver paginas 26 y 28) Esto es porque las llantas tienen menos agarre sobre la vía.
- Debe permanecer separado del vehículo de enfrente. Esto le ayudará a ver y planear hacia adelante
- Si el volante no responde, probablemente significa que el agua está impidiendo el agarre de las llantas a la vía. Suelte el acelerador y disminuya velocidad gradualmente
- La lluvia y la estela de agua de otros vehículos hacen más difícil ver y ser visto

Heladas y nieve
203. En invierno revise el pronóstico local del clima, por si se advierten heladas o nevadas. **NO** conduzca bajo estas condiciones a no ser que su desplazamiento sea estrictamente necesario. Si lo es, tenga mucho cuidado, lleve consigo una pala, prendas térmicas, bebidas calientes y comida de emergencia en caso de que su vehículo se averíe.

204. Antes de ponerse en marcha:
- **TIENE** que estar en capacidad de ver. Limpie toda la nieve y hielo de todas sus ventanas
- **TIENE** que asegurarse que las luces y las placas están limpias
- Asegúrese de que los espejos estén despejados y las ventanas estén deshumedecidas completamente

Leyes CUR sección 30 & RVLR Reg. 23

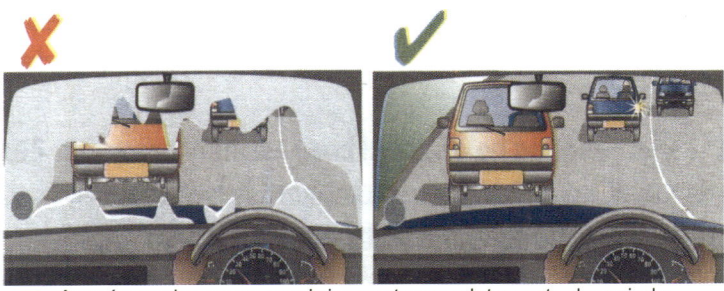

Asegúrese de que su parabrisas esta completamente despejado

205. Cuando conduzca bajo heladas o nieve
- Conduzca con cuidado, así las vías hayan sido regadas con arena
- Manténgase alejado del vehículo de enfrente. Las distancias de parada son hasta diez veces mayores que en una vía seca
- Tenga cuidado cuando sobrepase vehículos que esparcen arena, especialmente si está conduciendo una motocicleta
- Tenga cuidado con las barredoras de nieve ya que pueden tirar nieve en cualquier dirección. No sobrepase este tipo de vehículos a no ser que el carril que piensa usar este despejado
- Prepárese, a corta distancia las condiciones de la vía pueden cambiar

206. Conduzca con extrema precaución cuando las calles están congeladas. Evite maniobras súbitas ya que puede patinar. Se debe:
- Conducir a una velocidad lenta y en un cambio de marcha tan bajo como sea posible. Acelerar y frenar muy suavemente
- Conducir lento, sobre todo en curvas, ya que existe una alta posibilidad de patinar. Frenar progresivamente en la recta antes de la curva, mantener una velocidad lenta y mover el volante suavemente a lo largo de la curva, evitando acciones intempestivas
- Cuando hay nieve o hielo, revisar el agarre de las llantas a la superficie de la vía frenando suavemente (escoja un lugar seguro para hacerlo) Si el volante no responde, puede ser que hay hielo sobre la carretera y el vehículo esta perdiendo el agarre. Cuando se avanza sobre hielo, las llantas aparentemente no hacen ningún sonido

Vientos
207. Vehículos de gran tamaño son los mas afectados por fuertes vientos, pero fuertes ráfagas pueden arrastrar fuera de curso un automóvil, ciclista o motociclista. Esto sucede en tramos de la vía expuestos a vientos cruzados, al pasar puentes o cuando existen espacios en las barreras de protección.

208. En vientos muy fuertes, los vehículos grandes causan turbulencias que afectan otros vehículos. Las motocicletas son las más perjudicadas, manténgase retirado cuando estas sobrepasen vehículos grandes.

Neblina
209. Antes de entra a zonas con neblina mire a través de los espejos y disminuya la velocidad. Si ve la señal de "Neblina" (Fog) pero la vía sigue despejada, esté preparado para encontrar un banco o nube pasajera mas adelante. A pesar de que la vía aparenta estar despejada, inesperadamente puede encontrarse en medio de neblina espesa.

210. Cuando conduzca entre neblina debe:
- Usar sus luces como es requerido en la regla 201
- Mantener una distancia prudente con el vehículo de enfrente. Las luces traseras pueden dar una falsa sensación de certeza

- Salirse a una distancia en la que usted pueda ver claramente. Esto es particularmente importante en autopistas y en dobles calzadas, ya que los vehículos se desplazan más rápidamente
- Usar limpiaparabrisas y eliminadores de humedad
- Estar pendiente de conductores que no estén usando sus faros
- Evitar acelerar para alejarse de un vehículo que se encuentre demasiado cerca de su parte trasera
- Revisar a través de los espejos antes de disminuir su velocidad. Luego usar los frenos, pues de esta manera las luces de estos anunciarán a los conductores de atrás que está disminuyendo la velocidad
- Parar en posición correcta y escuchar el tráfico en cruces con visibilidad limitada. Cuando esté seguro de que puede salir, hacerlo sin vacilar y no demorarse en posiciones que lo pongan directamente en el trayecto de los vehículos que se aproximan

211. NO PUEDE usar luces frontales o traseras para neblina, a no ser que la visibilidad esté seriamente reducida (Ver regla No.201), pues estas enceguecen a otros conductores y pueden ocultar las luces de los frenos. **TIENEN** que suspenderse cuando la visibilidad haya mejorado.
Ley RTRA secciones 5 & 8

Climas Cálidos
212. Conserve su vehículo bien ventilado para evitar somnolencia. Esté pendiente de la vía pues la superficie puede tornarse suave o volverse lisa si llueve después de una temporada de sequía. Estas condiciones pueden afectar la dirección (volante) y los frenos del vehículo.

ESPERAR Y APARCAR

213. NO PUEDE esperar o aparcar donde se encuentren restricciones demarcadas por:
- Líneas amarillas a lo largo del borde de la calzada (Ver pagina 76)
- Marcas sobre las vías de acceso a escuelas

Los periodos de aplicación de las restricciones son mostrados en señales usualmente puestas en intervalos, paralelas a la acera, a lo largo de la vía.
Ley RTRA secciones 5 & 8

Aparcar

214. Cuando sea posible use como lugares de estacionamiento, las áreas de parqueo que se encuentren fuera de la vía o los espacios demarcados con líneas blancas. Si tiene que parar en la vía:
- Estaciónese tan cerca al borde como pueda
- No pare muy cerca de vehículos que lleven una placa o divisa color naranja, recuerde ellos pueden necesitar mas espacio para entrar o salir
- **TIENE** que apagar el motor, focos y luces de neblina
- **TIENE** que activar el freno de mano antes de dejar el vehículo
- **TIENE** que asegurarse que no golpea a nadie cuando abre la puerta
- Salga del vehículo por la puerta que se encuentra al lado de la acera, es mas seguro para los pasajeros (especialmente niños)
- Cierre con llave el vehículo

Leyes CUR Regs. 98, 105 & 107, RVLR Reg. 27 & RTA 1998 sección 42

Revise antes de abrir sus puertas

215. NO PUEDE parar o aparcar sobre:
- La calzada en la reservación lateral de una autopista a excepción de una emergencia (Ver regla No.244)
- Un cruce para peatones, incluyendo el área marcada por líneas en zig-zag (Ver regla No.167)
- Una vía donde no se autorice a parquear en ningún momento "Vía despejada" (Clearway) (Ver pagina 70)
- Una zona de parqueo prohibido en las áreas urbanas o un paradero provisional de buses dentro de sus horas de operación, exceptuando para recoger o dejar pasajeros (Ver pagina 70)
- Una vía marcada con doble línea blanca, exceptuando para recoger o dejar pasajeros

- En un carril para autobuses, tranvías o bicicletas durante sus periodos de operación
- En una ruta para bicicletas
- Sobre líneas rojas sobre todo en las especialmente diseñadas "rutas rojas" (red routes), a no ser que sea indicado por señales

Leyes MT(E&W)R Regs. 7 & 9,MT(S)R Regs. 6 & 8, ZPPPCRGD Regs. 18 & 20, RTRA secciones 5 & 8, TSRGD Regs. 10 &26, RTA 1998 secciones 36 &21(1)

216. NO PUEDE aparcarse en espacios reservados para determinados usuarios tales como, los portadores de placas naranja o los residentes, a no ser que haya sido autorizado a hacerlo.
Ley RTRA secciones 5 & 8

217. NO aparque su vehículo o remolque sobre la vía cuando esto pueda ser peligroso, inconveniente u obstruya a los peatones y otros usuarios de la vía. Por ejemplo:
- Cerca de la entrada de una escuela
- En donde pueda obstruir la entrada de los servicios de emergencia
- En o cerca de paraderos de autobuses o de taxis
- En las proximidades de un paso a nivel o ferroviario
- Enfrente o dentro de 10 metros (32 pies) de una intersección, excepto en un espacio autorizado para aparcar
- Cerca de la cima de una colina o en la joroba de un puente
- Paralelo a una isla separadora de tráfico o (si esto causa obstrucción) de otro vehículo previamente parqueado
- En sitios que obliguen al tráfico a entrar en un carril de tranvía
- Frente a una rampa hecha en la acera para ayudarle a los usuarios en sillas de ruedas
- Enfrente de la entrada a una propiedad
- En una curva

218. NO se estacione parcial o totalmente sobre la acera, a no ser que existan señales autorizando a hacerlo. Aparcar en la acera puede obstruir, incomodar seriamente e impedir la visibilidad a los peatones, personas en sillas de ruedas y personas con coches de niños.

219. Zonas de estacionamiento controladas. Señales estas zonas, indican los tiempos en que las restricciones de espera son obligatorias. El parqueo es autorizado en diferentes lugares y a diferentes tiempos, si no lo es, debe hacerse en espacios señalados y demarcados para este fin.

220. Vehículos de transporte de mercancía. Vehículos cargados y con un peso máximo de 7.5 toneladas (incluido cualquier remolque) **NO PUEDEN** ser aparcados sobre una acera o cualquier terreno situado entre las calzadas, sin un permiso especial de la policía. La única excepción es cuando el parqueo es esencial para cargar o descargar y en este caso el vehículo **NO PUEDE** ser desatendido. *Ley RTA 1998 sección 19*

221. Cargando y descargando. No cargue o descargue donde hay líneas amarillas en la acera y señales indicando que se aplican restricciones en el sitio (Ver pagina 77) El aparcamiento para cargue y descargue puede ser permitido en sitios donde en otros casos es restringido. En "rutas rojas" (red rutes) se encuentran espacios o bahías señaladas y demarcadas indicando donde y cuando está permitido cargar y descargar.
Ley RTA 1998 secciones 5 & 8

Aparcar en la noche
222. Durante la noche, **NO PUEDE** estacionarse en la vía en contra de la dirección del flujo del tráfico a no ser en un espacio específico para aparcamiento.
Leyes CUR Reg. 101 & RVLR Reg. 24

223. Los vehículos **TIENEN** que mantener las luces de parqueo encendidas cuando están aparcados sobre una vía o en sitios autorizados de una vía con una velocidad limite **superior** a 30mph.
Ley RVLR Reg. 24

224. Los automóviles, vehículos de transporte de mercancías que sin cargar no excedan 1525kg, autos para inválidos y motocicletas, pueden ser aparcados sin luces en vías con velocidad limite de 30 mph o menos si están:
- Retirados al menos 10 metros (32pies) de cualquier cruce, cerca de la acera y mirando en la dirección del flujo del tráfico
- En un espacio registrado para estacionamiento o aparcadero

Otros vehículos, remolques, y vehículos con cargas sobresalientes **NO PUEDEN** dejarse en la vía durante la noche sin luces.
Ley RVLR Reg. 24

225. Aparcar durante condiciones de neblina. Es realmente peligroso estacionarse sobre la vía cuando hay neblina. Si esto es inevitable, deje sus luces estacionarias (de paqueo) o luces laterales encendidas.

226. Parquear en colinas. Si aparca en una colina debe:
- Aparcar cerca de la orilla de la acera y accionar el freno de mano firmemente
- Seleccionar un cambio de marcha hacia adelante y virar el volante en dirección opuesta al borde de la acera, cuando se encuentre en dirección de la cumbre de la colina
- Seleccionar reversa y virar el volante hacia el borde de la acera, cuando se encuentre en dirección opuesta a la cumbre de la colina
- Usar la posición "P", (Parada) (Park), si su carro cuenta con caja de cambios automática.

AUTOPISTAS

Muchas otras reglas contenidas en este libro, se aplican parcial o totalmente al conducir en las autopistas,: reglas 43, 67 a 105, 109 a 113, 118, 122, 126 a 128,135, 137,194, 196, 200, 201 a 212, 248 a 252, 254 a 264.

General

227. Vehículos prohibidos. Las autopistas **NO PUEDEN** ser usadas por peatones, personas con licencia provisional para automóvil o motocicleta, conductores de motocicletas con motores inferiores de 50cc, ciclistas o jinetes. Ciertos vehículos de movimiento lento y aquellos movilizando cargas de gran tamaño (a excepción de portadores de permisos especiales), vehículos agrícolas y la mayoría de coches para inválidos.
Leyes HA 1980 secciones 16, 17 & esquema 4, MT(E&W)R Reg. 4, MT(E&W)(A)R, R(S)A secciones 7, 8, & esquema 3 & MT(S)R Reg. 10

228. El tráfico en las autopistas se moviliza más rápido que en otras vías, por lo cual se tiene menos tiempo para reaccionar. Es muy importante usar los espejos con anticipación y estar más atento al frente de lo que se esta en otro tipo de vías.

Señales en la autopista

229. Las señales en la autopista (Ver pagina 67) son usadas para advertirle de los peligros adelante. Por ejemplo, puede haber un accidente, neblina o un derramamiento, el cual no puede verse con anticipación.

230. Las señales situadas en la reservación central son impuestas a todos los carriles. En trayectos muy congestionados, la señal puede estar en la parte superior y ser independiente para cada carril.

231. Luces de color ámbar titilando advierten de un peligro adelante. La señal puede mostrar un limite máximo de velocidad temporal o los carriles que están cerrados o un mensaje como "Neblina" (Fog) Disminuya la velocidad y este atento al riesgo, hasta pasar una señal que no este titilando o que le muestre que todo está en orden y que es seguro aumentar velocidad.

232. Luces rojas titilantes. Si titilan las luces rojas en la parte superior de las señales encima de un carril (puede también ser una **"X"** roja) **NO PUEDE** pasar del punto donde se encuentra la señal en ese carril. Si la luz roja titila en una señal ubicada en la reservación central de la vía **NO SE PUEDE** pasar más allá de la señal en ningún carril.
Leyes RTA 1998 sección 36 & TSRGD Reg. 10

Conduciendo en la autopista

Tomando la autopista
233. Cuando se toma la autopista, generalmente se llega por una vía a la izquierda (vía de acceso) o desde una autopista contigua. Se debe:
- Dar prioridad al tráfico que ya esta en la autopista
- Revisar el tráfico de la autopista y ajustar la velocidad acorde con la del flujo del tráfico en el carril de la mano izquierda
- Evitar cruzar sobre líneas blancas continuas que separan carriles
- Seguir en la vía de acceso si continua como carril adicional de la autopista
- Permanecer en el carril de la izquierda el tiempo necesario para ajustar la velocidad a la del tráfico, antes de considerar sobrepasar otro vehículo

En la autopista
234. Cuando se puede ver bien hacia adelante y las condiciones de la vía son buenas, debe:
- Conducir a una velocidad de crucero constante, la cual sea segura para usted y su vehículo y que este dentro de los límites de velocidad (Ver tabla en página 27)
- Conservar una distancia segura con el vehículo de enfrente e incrementar esta distancia en vías mojadas, congeladas, o bajo la presencia de neblina (Ver reglas No.105 y 210)

235. NO PUEDE exceder 70mph o el límite máximo de velocidad permitida para su vehículo (Ver página 27) Si se esta exigiendo un límite máximo de velocidad más bajo, definitiva o temporalmente, porque hay trabajos en la vía por ejemplo, **NO SE PUEDE** exceder el límite más bajo entre ambos. En algunas autopistas, son usadas señales obligatorias (las cuales indican la velocidad dentro de un circulo rojo) para variar el límite máximo de velocidad y así mejorar el flujo del tráfico. **NO SE PUEDE** exceder este límite de velocidad
Ley RTRA 1998 secciones 17, 86, 89 & esquema 6

236. La monotonía de conducir en la autopista puede hacerlo sentir somnoliento. Para minimizar el riesgo, siga el consejo de la regla No.80.

237. NO PUEDE reversar, cruzar la reservación central o ir en contra del flujo del tráfico. Si pierde la salida o toma la ruta equivocada, continúe hasta la siguiente salida.
Leyes MT(E&W)R Regs. 6 & 7 & MT(S)R Regs. 4 & 7

Disciplina en el carril
238. Si la vía hacia adelante está despejada debe mantenerse en el carril de la izquierda. Si va a sobrepasar varios vehículos de movimiento lento, no cambie continuamente, permanezca en el carril central o el exterior hasta que complete la maniobra. Regrese al carril de la izquierda una vez haya pasado todos los vehículos o si esta entorpeciendo el tráfico atrás. Vehículos de lento movimiento o velocidad restringida deben permanecer en el carril de la

izquierda a no ser que estén sobrepasando. **NO PUEDE** conducir sobre la reservación lateral salvo en emergencia o si es dirigido a hacerlo a través de señales.
Leyes MT(E&W)R Reg. 5 & MT(S)R Reg. 4

239. El último carril de la derecha en una autopista con tres o mas carriles **NO PUEDE** ser usado (excepto en circunstancias autorizadas) si se conduce:
- Cualquier vehículo que este arrastrando un remolque
- Un vehículo de transporte de mercancías cargado con un peso máximo superior a 7.5 toneladas
- Un vehículo de pasajeros con un peso máximo cargado que exceda 7.5 toneladas y construido o adaptado para llevar mas de ocho pasajeros sentados además del conductor

Leyes MT(E&W)R Reg. 12 & MT(S)R Reg. 11A

240. Aproximándose a los cruces. Mire hacia adelante buscando señales o instrucciones. Encima de la vía se pueden encontrar señales de dirección. Si necesita cambiar de carril, hágalo con suficiente antelación. En algunos cruces un carril puede guiarlo directamente fuera de la autopista. Solamente ingrese a ese carril si desea ir en la dirección indicada en las señales.

Adelantando

241. No sobrepase a no ser que este seguro que lo puede hacer. Sobrepase solamente por la derecha. Antes de hacerlo debe:
- Revisar a través de los espejos
- Tomar suficiente tiempo para juzgar la velocidad correctamente
- Estar seguro que la línea a la que se va a unir está suficientemente despejada hacia adelante y hacia atrás
- Dar una rápida mirada a los lados y áreas de puntos ciegos para verificar la posición de un vehículo que pueda haber desaparecido de su vista en el espejo
- Recordar que el tráfico de atrás viene muy rápido. Revise los espejos cuidadosamente. Señale con suficiente tiempo y salga cuando sea seguro
- Asegurarse de que no le corta la vía al vehículo que esta sobrepasando
- Tener mas cuidado en la noche y en condiciones de poca visibilidad ya que se hace más difícil juzgar velocidad y distancia

242. No sobrepase por la izquierda o se mueva a un carril a su izquierda para sobrepasar. En condiciones de demasiada congestión en donde los carriles adyacentes se están moviendo a una velocidad similar, el tráfico en los carriles de la mano izquierda puede estar algunas veces moviéndose mas rápido que en el de la derecha. En estas condiciones usted debe permanecer en su carril así sea que esto signifique pasar el tráfico del carril a su derecha. No entre y salga entre carriles para sobrepasar.

243. NO SE PUEDE usar la reservación lateral para sobrepasar otro vehículo
Leyes MT(E&W)R Regs. 5 & 9 & MT(S)R Reg. 4

Parar

244. NO PUEDE parar en una carril, vía de acceso, separador, reservación lateral o central excepto en emergencia o cuando es la policía o una señal de emergencia la que ordena hacerlo. También si se indica por medio de señales con luces rojas parpadeando (Ver regla No.232)

Leyes MT(E&W)R Regs. 7(1),9 & 10 & MT(S)R Regs. 6(1), 8 & 9

245. NO PUEDE recoger ni dejar a nadie, o caminar en la autopista, a excepción de que se presente una emergencia.

Leyes RTRA seccion 17 & MT(E&W)R Reg. 15

Saliendo de la autopista

246. A no ser que señales indiquen que un carril le lleva directamente fuera de la autopista, normalmente se sale de esta por una vía de salida a la izquierda:
- Busque las señales que avisan que se esta acercando a la salida
- Muévase al carril de la izquierda con tiempo suficiente antes de alcanzar la salida
- Utilice la señal hacia la izquierda en el momento adecuado y reduzca la velocidad a lo estipulado en la vía de salida

247. Al salir de la autopista o al usar una vía de unión entre autopistas, la velocidad a la que se viaja puede ser mayor de lo que se piensa, 50mph pueden ser sentidas como 30mph. Revise el velocímetro y ajústese a la velocidad estipulada. Algunas vías de salida y vías de unión tienen curvas cerradas, es por ello que necesitará reducir la velocidad.

AVERIAS Y ACCIDENTES

Averías
248. Si el vehículo se avería, piense en los otros usuarios de la vía y:
- Déjelo fuera de la vía si es posible
- Si está obstruyendo la vía, déjelo saber al resto del tráfico por medio de sus luces de aviso de peligro o luces estacionarias (de parqueo)
- Ponga triángulos de advertencia al mismo lado de la calzada y a una distancia mínima de 45 metros (147pies) de la parte de atrás del vehículo averiado, o use otros elementos permitidos de aviso si los tiene. Siempre tenga mucho cuidado cuando los sitúe, pero nunca los use en las autopistas
- Permanezca con sus luces laterales encendidas si esta oscuro o la visibilidad es escasa
- No se pare (o permita a otro hacerlo) entre su vehículo y el tráfico
- No se pare durante la noche o en condiciones de poca visibilidad en sitios donde le obstruya a otros conductores el ver sus luces

Reglas adicionales en las autopistas
249. Si el vehículo le causa algún problema, sálgase de la autopista en la siguiente salida o en un área de servicio, si no puede hacerlo, debe:
- Salirse a la reservación lateral y aparcar a la izquierda tanto como sea posible y mantener las llantas volteadas también hacia la izquierda
- Tratar de parar cerca de un teléfono de emergencia (situados a intervalos de aproximadamente una milla a lo largo de la reservación lateral)
- Salir del vehículo por la puerta a mano izquierda y asegurarse que los pasajeros hagan lo mismo. **TIENE** que dejar los animales en el vehículo o en emergencia mantenerlos en la reservación bajo control
- Abstenerse de intentar siquiera el hacer pequeñas reparaciones
- Asegurarse que los pasajeros permanezcan alejados de la calzada y de la reservación lateral y que los niños estén bajo control
- Caminar a un teléfono de emergencia a su lado de la calzada, (siga las flechas que se encuentran en la parte posterior de los postes de la reservación lateral) el teléfono es gratis y lo contacta directamente con la policía. Use preferiblemente este a un teléfono móvil (Ver regla No.257)
- Dar todos los detalles a la policía, también informarles si es un motorista vulnerable tal como una mujer viajando sola.
- Regresar y esperar cerca de su vehículo (bien retirado de la calzada y la reservación lateral)
- Si se siente en riesgo a causa de otra persona, regrese a su vehículo por la puerta de la izquierda, asegure todas las puertas y permanezca allí. Salga de su vehículo nuevamente tan pronto como sienta que el peligro ha pasado

Leyes MT(E&W)R Reg. 14 & MT(S)R Reg. 12

Manténganse bien alejado de la reservación lateral

250. Antes de entrar nuevamente a la calzada después de una avería, incremente su velocidad en la reservación lateral y busque un espacio seguro en el tráfico. Tenga en cuenta que otros vehículos pueden estar estacionados en la reservación lateral.

251. Si usted no puede hacer que su vehículo llegue a la reservación:
- No intente el colocar ningún objeto de advertencia en la calzada
- Encienda las luces de aviso de peligro o estacionarias
- Abandone el vehículo solamente cuando pueda salir de la calzada de una manera segura

Conductores con limitaciones
252. Si tiene alguna limitación que no le permita seguir la recomendación anterior, debe:
- Permanecer en el vehículo
- Encender las luces de señal de peligro
- Exhibir visiblemente un banderín con la palabra **HELP (AYUDA)** o si tiene radioteléfono o móvil, contacte los servicios de emergencia inmediatamente y esté preparado para darles su localización exacta

Obstrucciones

253. Si cualquier elemento cae de su vehículo (o de cualquier otro vehículo) sobre la vía, solamente pare y recupérelo si es totalmente seguro hacerlo.

254. Autopistas. No trate de remover una obstrucción en la autopista, pare en el teléfono de emergencia más cercano y avise a la policía.

Accidentes

255. Señales de aviso o luces parpadeantes (intermitentes). Si ve o escucha un vehículo de emergencia a lo lejos, esté alerta, probablemente hay un accidente más adelante.

256. Si pasa por la escena de un accidente, no se distraiga o disminuya la velocidad innecesariamente, puede causar congestión u otro accidente (Ej. El accidente es al otro lado de la doble calzada) Pase a la regla 257.

257. Si se ve involucrado en un accidente o se detiene para ofrecer ayuda:
- Use las luces de aviso de peligro para advertir al otro tráfico
- Aconseje a los otros conductores apagar motores y no fumar
- Coordine para que los servicios de emergencia sean llamados inmediatamente, dando detalles de la localización exacta del accidente y de las victimas, si las hay (En las autopistas use los teléfonos de emergencia pues facilitan la localización. Si usa un teléfono móvil, asegúrese de saber su situación exacta, la cual se identifica por las marcas en los postes de las reservaciones)
- Retire las personas heridas de los vehículos para protegerlas, de ser posible manténgalas bien alejadas del tráfico y de las reservaciones central y lateral en las autopistas
- No mueva de los vehículos gente herida a no ser que se encuentren en peligro inminente de fuego o explosión
- No remueva los cascos protectores a los motociclistas a no ser que sea esencial el hacerlo
- Prepárese para ofrecer primeros auxilios como se muestra en las paginas 88 y 89
- Permanezca en la escena del accidente hasta que los servicios de emergencia lleguen

Si se ve implicado en cualquier otra emergencia medica en la autopista, se deben contactar los servicios de emergencia de la misma manera.

Accidentes en los que están comprometidos elementos peligrosos

258. Vehículos que transportan elementos peligrosos en cualquier tipo de envoltura, son marcados con placas de color naranja fluorescente. Camiones cisterna y vehículos que transporta tanques con elementos peligrosos tienen placas de aviso de peligro (Ver pagina 78)

259. Si un vehículo que contiene elementos peligrosos se ve involucrado en un accidente siga las recomendaciones de la regla 257 y primordialmente:
- Apague el motor de los vehículos y **NO FUME**
- Permanezca alejado del vehículo y no se sienta tentado a tratar de rescatar heridos ya que usted se puede convertir en uno de ellos
- Llame los servicios de emergencia y proporcione tanta información como pueda, acerca de las etiquetas y las marcas del vehículo. **NO USE** teléfonos móviles cerca de un vehículo que transporta cargas inflamables

Documentos

260. Si usted se ve comprometido en un accidente que cause daños o heridas a cualquier otra persona, vehículo, animal o propiedad, **TIENE QUE:**
- Parar
- Dar su nombre y dirección, así como los del dueño del vehículo y el numero de matricula del vehículo, a cualquiera que tenga razones fundamentadas para pedirlos

- Reportar el evento a la policía tan pronto como sea posible y en cualquier caso dentro de 24 horas, si al momento del accidente no dio su nombre y dirección

Ley RTA 1988 sección 170

261. Si otra persona es herida y usted no provee el certificado del seguro del vehículo a un oficial de la policía o a cualquier persona con suficientes meritos para solicitarlos en el momento del accidente, **TIENE QUE:**
- Reportar el accidente a la policía tan pronto como sea posible y en cualquier caso dentro de las siguientes 24 horas
- Presentar a la policía dentro de los siguientes siete días, su certificado valido de seguro de automóvil, expedido por una aseguradora

Ley RTA 1988 sección 170

TRABAJOS EN LA VIA

262. Cuando hay trabajos la vía anticipadamente encontrara señales advirtiéndolo. Debe ser más observador y buscar señales adicionales dando instrucciones más especificas, además:
- **NO PUEDE** exceder ningún limite máximo temporal de velocidad
- Debe usar sus espejos y tomar el carril correcto, como las señales lo dirijan y con buen tiempo
- No cambie de carriles con el ánimo de sobrepasar tráfico en la fila
- No conduzca a través de un área suspendida por conos
- Esté al tanto de los vehículos entrando o saliendo del área de trabajos, pero no se deje distraer por lo que este sucediendo en ella
- Lleve en mente que hacia adelante, la vía puede estar obstruida por los trabajos o por vehículos estacionados o moviéndose lentamente

Ley RTRA sección 16

Reglas adicionales para vías de alta velocidad

263. Tenga cuidado excepcional en las autopistas y otras vías de doble calzada y alta velocidad:
- Uno o más carriles pueden estar cerrados al tráfico y puede haber sido dispuesto un limite de velocidad más bajo
- Para cerrar los carriles que están en reparación pueden ser usados vehículos de trabajo que son de movimiento lento y con grandes señales traseras indicando permanecer a la izquierda (KEEP LEFT) o permanezca a la derecha (KEEP RIGHT)
- Si es necesario, revise a través de los espejos, reduzca la velocidad y cambie de carril
- Mantenga una distancia prudente y segura con el vehículo enfrente (Ver regla No.105)

264. Sistema de contra flujo, significa que el tráfico se está desplazando en ambos sentidos y sin separación permanente entre carriles, los cuales pueden ser más angostos de lo normal. En este sistema, la reservación lateral puede ser usada por el tráfico, teniendo en cuenta que pueden haber vehículos averiados adelante. Conserve una distancia apropiada con el vehículo de adelante y manténgase pendiente de cualquier restricción temporal de velocidad.

CRUCES DE PASO A NIVEL

265. Paso a nivel es donde una vía cruza una línea de tren. Aproxímese y crúcelo con cuidado. Nunca conduzca sobre estos cruces hasta que la vía este totalmente libre al otro lado. Tampoco se acerque demasiado al vehículo que tiene enfrente. Nunca pare o estacione sobre o cerca del cruce.

Cruces controlados
266. La mayoría de los cruces cuentan con semáforos compuestos por una luz ámbar permanente y dos luces rojas de pare que parpadean (Ver paginas 67 y 72) y también con una alarma sonora para peatones. Algunas veces tienen barreras medias o enteras. Recuerde:
- **TIENE** que obedecer siempre la luz roja parpadeante de pare
- **TIENE** que parar detrás de la línea blanca que cruza la vía
- Continuar si ya ha cruzado la línea blanca, cuando la luz ámbar se encienda
- **TIENE** que esperar si un tren pasa y las luces rojas continúan parpadeando. Esto significa que otro tren pasará muy pronto
- Cruzar solo si las luces se han apagado y las barreras se abren
- Nunca hacer zig-zag alrededor de medias barreras, ellas bajan automáticamente cuando un tren se está aproximando
- En cruces donde no hay barreras cuando las luces están encendidas, es porque un tren se aproxima

Ley RTA 1988 sección 36 & TSRGD Reg. 10

Pare cuando así lo indiquen los semáforos

267. Teléfonos de las líneas férreas. Si esta conduciendo un vehículo largo o de movimiento lento o esta arreando animales, un tren podría llegar antes de que usted haya dejado el cruce. En estas condiciones, **TIENE** que obedecer cualquier señal que le indique utilizar el teléfono del ferrocarril y obtener permiso para cruzar. También **TIENE** que telefonear cuando haya pasado y el cruce este libre de todo obstáculo.
Ley RTA 1988 sección 36 & TSRGD Reg. 10

268. Cruces sin semáforos. Los vehículos deben parar y esperar al frente de la barrera o puerta cuando empiece a cerrarse y no cruzar hasta que la berrera o puerta se abra.

Puertas o barreras operadas por los usuarios

269. Algunos cruces tienen señales de **"STOP" (PARE)** y pequeñas luces rojas y verdes. **NO SE PUEDE** cruzar cuando las luces rojas estén encendidas. Solamente cruce si la luz verde esta iluminada. Si cruza en un vehículo, debe:
- Abrir las puertas o barreras a los dos lados del cruce
- Revisar que la luz verde continúe encendida y cruzar rápidamente
- Cerrar las puertas o barreras cuando haya salido del cruce

Ley RTA 1988 sección 36 & TSRGD Reg. 10

270. Si en el cruce no existen luces, siga el procedimiento de la regla No.268. Pare, mire en ambas direcciones y escuche antes de cruzar. Si existe un teléfono del ferrocarril, úselo siempre y contacte el operador de las señales para asegurarse que puede cruzar. Informe al operador de las señales cuando usted haya salido del cruce.

Cruces abiertos

271. Estos no cuentan con puertas, barreras, operadores o semáforos pero si con una señal de "Ceda la Vía" (Give way) Antes de cruzar debe mirar en ambos sentidos, escuchar y estar seguro que no se aproxima ningún tren.

Accidentes y averías

272. Si el vehículo se avería o si tiene un accidente en un paso a nivel, debe:
- Sacar todas las personas fuera del vehículo y alejarlos del cruce inmediatamente
- Usar el teléfono del ferrocarril, si hay uno disponible, para informar al operador de señales. Siga las instrucciones que le sean suministradas
- Si cuenta con tiempo, mueva el vehículo para despejar el cruce antes de que llegue el tren. Si la alarma se activa o las luces ámbar se encienden abandone el vehículo y aléjese del cruce inmediatamente.

TRANVÍAS

273. **NO SE PUEDE** entrar a una vía, carril u otra ruta reservada para tranvías. Tenga mucho cuidado cuando los tranvías se movilizan a lo largo de la vía. El ancho de la vía utilizada por los tranvías es generalmente marcado por los carriles, que a su vez son demarcados por líneas blancas, puntos o topes amarillos o por una superficie diferente a la de la vía. Las señales en forma de diamante son solamente para dar instrucciones a conductores de tranvía.
Ley RTRA secciones 5 & 8

274. Ponga mucha atención cuando las líneas cruzan de un lado a otro de la vía o cuando la vía se vuelve más angosta o los rieles se acercan a la acera. Los conductores de tranvías generalmente cuentan con sus propias señales de tránsito y pueden ser autorizados para moverse cuando usted no lo está. Siempre ceda la vía a los tranvías. No trate de correr con ellos o sobrepasarlos.

275. **NO SE PUEDE** aparcar el vehículo donde se interponga en la vía de un tranvía o donde obligue a otros conductores a hacerlo.
Ley RTRA secciones 5 & 8

276. Paraderos de tranvías. Donde el tranvía pare en una plataforma, que puede ser en la mitad o al lado de una vía, se **TIENE** que seguir la ruta mostrada por las señales y marcas en la vía. En paraderos sin plataformas, cuando un tranvía pare a recoger pasajeros **NO SE PUEDE** conducir entre el tranvía y la acera a mano izquierda.
Ley RTRA secciones 5 & 8

277. Tenga en cuenta los peatones, especialmente los niños corriendo para alcanzar el tranvía cuando se aproxima la parada.

278. Los ciclistas y los motociclistas deben tener extremo cuidado cuando conducen cerca o cruzan los rieles, especialmente si estos están mojados. Es mas seguro cruzar los rieles directamente en y ángulos rectos.

LUCES QUE CONTROLAN EL TRÁFICO

Señales de los semáforos

ROJO significa "PARE". Espere detrás de la línea de pare sobre la calzada

ROJO Y ÁMBAR también significa "PARE". No traspase o empiece a hacerlo hasta que el VERDE se ilumine

VERDE significa que puede continuar si la vía esta libre. Tenga mucho cuidado si intenta voltear a la izquierda o a la derecha y ceda el paso a los peatones que estén cruzando

ÁMBAR significa "PARE" en la línea de pare. Usted puede seguir solamente si la luz se enciende después de que usted a empezado a cruzar o esta tan cerca de la línea de pare que frenar podría causar un accidente

UNA FLECHA VERDE en adición a la luz verde significa que el movimiento en ciertas direcciones esta autorizado antes de que se ilumine la luz verde. Si la vía se encuentra libre y la flecha verde esta encendida, puede continuar **solo en la dirección en que la fecha lo indica**. Puede hacerlo sin importar lo que indiquen las otras luces del semáforo. Puede encontrar señales de luces blancas para los tranvías

Luces rojas intermitentes

Luces que destellan intermitentemente significan que **TIENE QUE PARAR**

En pasos a nivel, puentes levadizos, campos aéreos, estaciones de bomberos, etc.

Señales de la autopista

En este carril, NO pase de este punto　　Cambie de carril　　Adelante visibilidad reducida　　Adelante carril cerrado

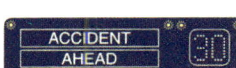 

Límite de velocidad temporal máxima y mensaje informativo explicando el motivo　　Salga de la autopista en la próxima salida　　Límite de velocidad temporal máxima　　Fin de la restricción

Señales para el control de carriles

Flecha verde – carril habilitado para el tráfico enfrente de la señal
Cruces Rojas – carril cerrado al tráfico enfrente de la señal
Flecha diagonal blanca – cambie de carril en la dirección indicada

PAGINA65

SEÑALES A OTROS USUARIOS DE LA VÍA

Señales para indicar direcciones

Pretendo salir o voltear a la derecha   Pretendo salir o voltear a la izquierda

Señales de las luces de los frenos   ### Señales de las luces de reversa

Estoy accionando los frenos   Voy a reversar

Estas señales no deben ser usadas excepto para el propósito descrito

Señales de mano

Se usan cuando los indicadores de señal no funcionan o cuando es necesario reforzar las señales y luces de pare. **También deben ser usadas por ciclistas y jinetes.**

Voy a salir o voltear a la izquierda   Voy a salir o voltear a la derecha   Estoy disminuyendo velocidad o voy a parar

PAGINA66

SEÑALES SUMINISTRADAS POR PERSONAS AUTORIZADAS

Pare

El tráfico que se aproxima por el frente debe parar

El tráfico aproximándose en ambas direcciones al frente y por atrás debe parar

El tráfico aproximándose por atrás debe parar

Para señalarle al tráfico que puede continuar

Desde un lado

Desde el frente

Desde atrás*

Señales de mano a las personas que controlan el tráfico

Voy a continuar hacia el frente

Voy a voltear a la izquierda (usted puede usar cualquier mano)

Voy a voltear a la derecha

*En Gales, señales bilingües aparecen tanto en los vehículos de servicios de emergencia como en los uniformes de sus integrantes

SEÑALES DE TRÁNSITO

Señales que dan ordenes - La mayoría de señales con círculos rojos son prohibitivas. Placas debajo de las señales complementan el mensaje.

Entrada a una zona de 20mph

Fin de la zona de 20mph

Patrulla de cruce escolar

Máxima Velocidad

Zona en la que se aplican los límites nacionales de velocidad

Pare y ceda el paso

Ceda el paso

Prohibido el paso de vehículos excepto bicicletas que se lleven empujadas

Prohibida la entrada de trafico vehicular

No voltear a la derecha

No voltear a la izquierda

No girar en "U"

Dele prioridad a los vehículos que vienen en dirección opuesta

No sobrepasar

Prohibido el paso a vehículos automotores

Señales manuales de PARE Y SIGA

Prohibido el paso de autobuses (o vehículos de más de 8 pasajeros)

Prohibido el paso de bicicletas

Prohibido el paso de remolques

Prohibido el paso de vehículos cargando explosivos

No vehículos o combinación de vehículos con largo superior al descrito

Altura máxima permitida para vehículos

Prohibido el paso de vehículos con un ancho superior al mencionado

No vehicles over Prohibido el paso de vehículos con un peso bruto superior al descrito (en toneladas)

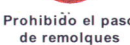

Prohibido el paso de vehículos de carga de mercancías con un peso superior al descrito (en toneladas) excepto para cargar y descargar

No esperar

Permit holders only

Espacio de aparcamiento reservado para quienes tengan autorización

No parar vía libre

No parar durante el horario indicado (exceptuando buses)

No parar durante el horario descrito excepto por el tiempo necesario para dejar y recoger pasajeros

Nota: A pesar de que en el código de circulación se muestran muchas de las señales más comúnmente usadas, una extensa explicación de nuestro sistema de señales es dada en el folleto que se encuentra a la venta en librerías "Conocer las señales de tránsito". En el también se ilustra y explica la gran variedad de signos que el usuario puede encontrar en la vía. Las ilustraciones de las señales en este código no son a la misma escala. En Gales, algunas señales son bilingües (Galés e Ingles) Ciertos viejos diseños continúan en uso.

Señales dentro de círculos azules en la mayoría de casos son de instrucción

Circulación en un solo sentido. Nota: compare con señal circular de "Dirección obligatoria" | "Dirección obligatoria" Solo hacia delante | Más allá debe girar a la izquierda (derecha si el símbolo está invertido) | Gire a la izquierda (derecha si el símbolo está invertido) | Conserve la izquierda (derecha si el símbolo está invertido) | Ruta solo para ciclistas

Ruta para peatones y ciclistas | Velocidad MINIMA | Fin de la imposición de mínima velocidad | Mini-glorieta (La circulación de la glorieta, da la vía a los vehículos provenientes de su derecha) | Ambos carriles conducen al mismo sitio

Solo buses y bicicletas

Solamente tranvías

Área para el cruce de peatones sobre la ruta de un tranvía

Carril para circulación de autobuses y bicicletas

Carril en contravía solo para la circulación de autobuses

Carril para ciclistas

Señales de advertencia la mayoría son triangulares

Distancia que falta recorrer para encontrar un PARE | Intersección de vías | Intersección de vías sobre una curva adelante | Intersección en "T" | Intersección escalonada | Distancia que falta recorrer para encontrar "Ceda el paso"

LA PRIORIDAD DE LA VIA LA MUESTRA LA LINEA MÁS ANCHA

Curva prolongada a la izquierda (o a la derecha si las flechas están invertidas)

Curva doble. (primero a la derecha) depende del sentido de la señal

Curva a la derecha (a la izquierda si la señal está invertida)

Glorieta

Vía dispareja

Reduzca velocidad inmediatamente (se encuentra debajo de algunas señales)

Final de la doble calzada

Vía que se angosta a la derecha (o a la izquierda si la señal está invertida)

Vía que se angosta en ambos carriles

Tráfico que circula en ambos sentidos cruza o intercepta una calle de una sola vía

Adelante el tráfico circula en ambos sentidos

Semáforo

Semáforo fuera de servicio

Vía lisa

Vía inclinada en un 10%

Vía empinada en un 20%

Porcentajes pueden ser mostrados mediante radios. Ej. 20% = 1:5

Señales de advertencia continuación

Más adelante sitio para cruce escolar (Algunas señales cuentan con luces intermitentes amarillas para avisar que hay niños cruzando)

Cruce para ancianos, ciegos o discapacitados

Peatones en la vía (no hay anden en el trayecto señalado)

Cruce de peatones

Más adelante posible congestión de tráfico

Más adelante ruta de bicicletas

Vientos cruzados

Puente jorobado

Señal de aviso preventivo Ford = Posible acumulación de agua

Riesgo de Hielo

Riesgo de atrancarse

Señales luminosas en pasos a nivel, campos aéreos o puentes.

Paso a nivel con barrera o puerta

Paso a nivel sin barrera o puerta

Paso a nivel sin barrera

Cruce de tranvías

Ganado en la vía

Animales Silvestres

Caballos sueltos

Caballos guiados por jinetes

Embarcadero o borde del río

Puente levadizo o móvil

Aeronaves volando bajo o ruido inesperado de aeronaves

Caída de rocas o derrumbes

Altura máxima indicada

Cable eléctrico. La placa indica la altura máxima de los vehículos que pueden pasar sin ningún riesgo

Túnel

Jorobas sobre la vía. La placa indica el trayecto por el que se extienden

Peligro La placa indica la naturaleza del mismo

Carros parqueados en la acera. La placa indica el trayecto por el que se encuentran

PAGINA70

Señales de dirección la mayoría rectangulares
Señales en las autopistas - fondo azul

Señal indicando que una intersección desemboca directamente en una autopista por la cual se puede llegar al sitio determinado (el numero de la intersección será mostrado sobre fondo negro)

Señal que se encuentra al aproximarse a una intersección para indicar donde conduce la misma (el numero de la intersección está sobre fondo negro)

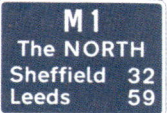
Señal para confirma la ruta en que se encuentra luego de pasar una intersección

Las flechas que apuntan a diferentes carriles en la parte inferior significan "Permanezca en ese carril" si se dirige al sitio nombrado.
La línea de la mano izquierda desemboca a un destino diferente de las otras dos

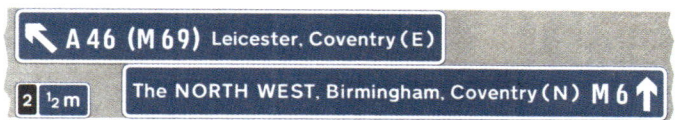
El panel con flecha inclinada indica el destino al que puede llegar si sale de la autopista en la próxima intersección. El panel pequeño con el numero de la intersección da la distancia a la que se encuentra la salida. El panel con flecha recta muestra los sitios a los que puede llegar si continua en la autopista.

Señales en las rutas primarias - fondo verde

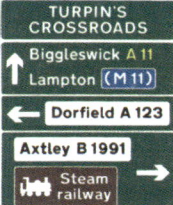
Al acercarse a las intersecciones

Al acercarse a las intersecciones

Paneles azules indican que la autopista empieza en la intersección siguiente.

La autopista entre paréntesis también puede ser alcanzada a lo largo de la ruta indicada.

Paneles blancos indican rutas no primarias o locales a partir de la siguiente intersección

Paneles color marrón muestran las rutas a atracciones turísticas

El nombre de la intersección en la que se encuentra, está en la parte superior de la señal

La señal con un avión indica la ruta a un aeropuerto.

Una señal puede ser incluida para avisarle acerca de un peligro o restricción a lo largo de la ruta

Señal que confirma la ruta en que se encuentra después de pasar la intersección

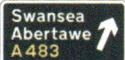
Señal informativa en la intersección

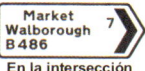
Señales bilingües en Gales, al aproximarse a una intersección

Señales en las rutas secundarias y locales - fondo blanco – borde negro

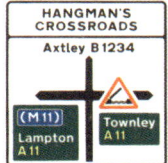
Al aproximarse a las intersecciones

Los paneles verdes indican que la ruta primaria empieza en la intersección siguiente.

Los números de ruta sobre fondo azul muestran la dirección que lleva a la autopista.

Los números de las rutas sobre fondo verde muestran la dirección hacia una ruta principal.

En la intersección

Dirección en la que se encuentran servicios con acceso para discapacitados

PAGINA71

Otras señales de dirección

Sitio para picnic o comida campestre

Sitio histórico a cargo de la Fundación para el cuidado del Patrimonio Ingles (English Heritage)

Dirección en la que se encuentra un sitio para caravanas y para acampar

Ruta recomendada para vehículos largos

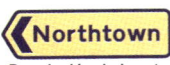
Atracción turística

Parte de una red de rutas para ciclistas

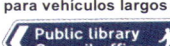
Ruta para peatones

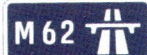
Desviación de la ruta

Ruta recomendada a ciclistas para llegar al lugar indicado

Símbolos que indican rutas para desviaciones de emergencia en autopistas y otras calles principales

Ruta de esparcimiento

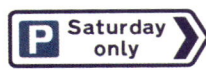
Dirección en la que se encuentra un aparcadero

Señales informativas – son rectangulares

Inicio de la autopista y punto en el que empiezan a aplicarse las regulaciones para esta

Área en la que se usan cámaras para asegurar el cumplimiento de las normas de tránsito

Vía en la que tienen prioridad los vehículos que avanzan

Calle sin salida para vehículos

Más adelante Hospital con facilidades para atender emergencias y accidentes

Fin de la Autopista

Lugar de aparcamiento solo para motocicletas

Aviso anticipado de una restricción o prohibición

Área de servicios en la autopista indicando el nombre del operador

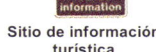
Sitio de información turística

Ruta recomendada para bicicletas

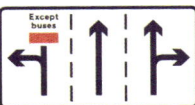
Carriles apropiados para continuar en el tráfico luego de la próxima intersección

Medidor de "Cuenta regresiva" para la salida de una autopista (cada barra representa 100 yardas) Medidores de fondo verde se usan en rutas primarias y con fondo blanco y barras negras en otras rutas. Al aproximarse a paso niveles no visibles, medidores blancos con barras rojas son usados. A pesar de que estos son puestos a distancias iguales en este caso las barras no representan intervalos de 100 yardas.

Zona controlada de estacionamiento

Fin de la zona controlada de estacionamiento

Carril para buses, taxis y bicicletas

Carril solo para buses después de pasar la intersección

Señales indicando trabajos en la vía

| Trabajos en la vía | Restos de materiales en la vía | Una milla adelante hay trabajos en la vía y congestión | Fin del área de trabajos en la vía y de cualquier restricción temporal |

  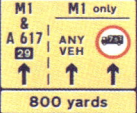 

| Despacio, hay riesgo temporal a causa de los trabajos en la vía | Cierre temporal de carriles (el numero y posición de las flechas y las barras rojas puede ser variado de acuerdo con los carriles abiertos y cerrados) | Más adelante, restricciones en los carriles por los trabajos en la vía | Por trabajos en la vía. Un carril avanzando en CONTRA FLUJO |

| Señales usadas en la parte trasera de un vehículo de movimiento lento o estacionado anunciando que un carril está cerrado adelante por un vehículo de trabajo. No existen conos en la vía | | Vehículo de trabajo de movimiento lento o estacionado bloqueando un carril de tráfico. Pase a la dirección señalada por la flecha | Más adelante, limite obligatorio de velocidad |

Trazado de la vía - Atravesando la calzada

| Línea de "pare" en semáforos o en un control policial | Línea de "Pare" en una señal de pare | Línea de "Pare" para cruce de peatones en un paso a nivel |

| Ceda el paso al tráfico en la vía principal | En las glorietas, ceda el paso al tráfico de la derecha | En una mini glorieta, ceda el paso al tráfico de la derecha |

A lo largo de la calzada

| Línea del borde | Línea central Ver regla 106 | Línea que avisa peligro. Ver regla 106 | Clases de líneas blancas dobles Ver reglas 107 y 108 | Trazado diagonal Ver regla 109 | Línea de separación de carril regla 110 |

PAGINA73

A lo largo del borde de la calzada

Restricciones para esperar
Restricciones para la espera son aplicadas a la calzada, a la acera y al borde y son indicadas a través de líneas **amarillas**. Puede parar a cargar o descargar o mientras pasajeros suben o bajan si no ser existen restricciones sobre carga como las descritas al finalizar esta página. Al entrar a una zona de parqueo controlado, las horas en las que las restricciones son efectivas, se muestran en placas o señales. Si no se muestran días específicos en las señales, las restricciones son forzosas todos los días incluyendo domingos y festivos. Sitios demarcados con blanco y señales en la parte superior (Ver al final de la página) indican cuando el parqueo es permitido.

Controles de estacionamiento en la Ruta Roja
En algunas vías, se usan líneas **rojas** en lugar de amarillas. En Londres las líneas rojas dobles y sencillas usadas sobre Rutas Rojas, indican que parar a parquear, cargar, descargar, dejar o recoger pasajeros es prohibido (a excepción de taxis portando un permiso o si se posee una escarapela color naranja) La línea roja se aplica a la calzada, la acera y el borde. Las horas en que las prohibiciones son efectivas se exhiben en señales cercanas, pero tenga en cuenta que la doble línea roja **SIEMPRE** significa que **no se puede parar** en ningún momento. En Rutas Rojas se puede parar, estacionar, cargar o descargar en cajas especialmente marcadas y señales adyacentes explican las horas, propósitos y tiempo autorizados. Una caja **MARCADA CON ROJO** indica que está disponible única y exclusivamente para el propósito, tiempo y período descrito (Ej. Entre períodos de gran congestión) Una **MARCADA CON BLANCO** significa que esta disponible durante todo el día.

LINEAS ROJAS O AMARILLAS SOLAMENTE DAN UNA GUIA DE LAS RESTRICCIONES Y CONTROLES A QUE ESTAS OBLIGAN Y LA INFORMACIÓN DEBE SER COMPLEMENTADA CON LAS SEÑALES CERCANAS O A LA ENTRADA DE LA ZONA

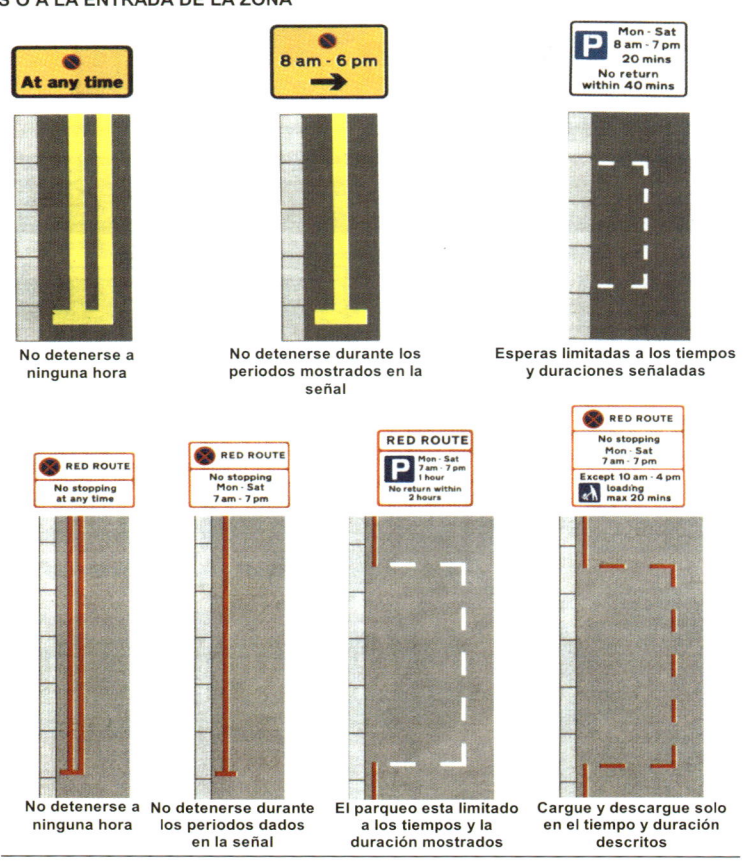

"NO RETURN": NO VOLVER A PARQUEAR EN EL MISMO PUNTO

PAGINA74

Sobre la acera o en el borde de la calzada

Cargue y descargue en vías diferentes a rutas rojas
Líneas amarillas en el andén o el borde del carril, indican que es prohibido cargar o descargar en las horas descritas en la señal blanca con letras negras que se encuentra en los alrededores. Si los días no están descritos, quiere decir que la norma es efectiva todo el tiempo incluyendo Domingos y festivos.
SIEMPRE REVISE LAS HORAS QUE SE MUESTRAN EN LA SEÑAL.
Las partes de la vía reservadas para que los vehículos carguen y descarguen, están indicadas por una bahía marcada con líneas blancas y que incluye la frase "Loading Only" (Solo cargue y descargue) y en la placa blanca se incluye un símbolo azul con una carreta. Estas señales también se encuentran en los sitios donde el cargue y descargue solo pueden hacerlo vehículos de carga y muestran las horas en que los sitios pueden ser usados. Si no se especifica, pueden ser usados todo el tiempo. Ningún vehículo puede estacionarse en este sitio si no esta cargando o descargando

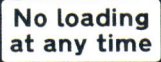

No cargar o descargar en ningún momento

No cargar o descargar durante las horas señaladas

Bahía para cargue y descargue

Otras señales marcadas sobre la vía

Mantenga este sitio libre de vehículos. No usarlo para recoger o dejar niños

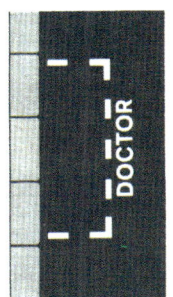

Aviso de "Ceda el paso" inmediatamente adelante

Espacio reservado para el parqueo de los vehículos mencionados

Ver regla 217

Ver regla 120

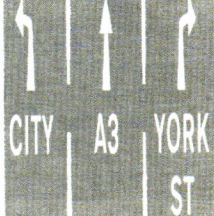

Caja en intersecciones, no parar sobre ella. Ver regla 150

No obstruya la calzada en la parte indicada

Indicación del flujo en los carriles de tráfico

PAGINA75

Marcas en los vehículos

Marcas traseras en vehículos largos de transporte

Vehículos por encima de 7.500 kilogramos de peso bruto máximo y remolques superiores a 3.500 kilogramos de máximo peso bruto.

Autobús escolar (se exhibe en ventanillas frontales o traseras)

Izquierda   Derecha

o también

Las marcas verticales también deben ser fijadas a los contenedores dejados en la vía en sitios de construcción y vehículos comerciales o combinaciones de vehículos con más de 13 metros (es opcional en combinaciones entre 11 y 13 metros)

Placas que anuncian peligro

Ciertos carros cisterna que transportan productos peligrosos deben exhibir placas que indiquen la naturaleza del mismo

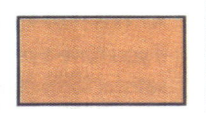

El panel superior debe ser exhibido por vehículos transportando ciertos elementos peligrosos en paquetes

El panel en la ilustración anuncia líquidos inflamables.
Símbolos en forma de diamante que indican otros riesgos son:

Sustancia tóxica   Gas comprimido no inflamable   Sustancia radioactiva   Sustancia de combustión espontánea   Sustancia corrosiva

Sustancia oxidante

Marcadores de proyección

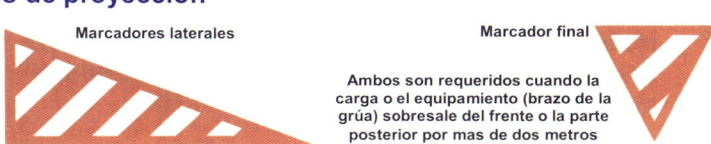

Marcadores laterales   Marcador final

Ambos son requeridos cuando la carga o el equipamiento (brazo de la grúa) sobresale del frente o la parte posterior por mas de dos metros

ANEXOS

1. Escogiendo y manteniendo una bicicleta

Asegúrese que:
- Escoge el tamaño correcto de la bicicleta para su comodidad y seguridad
- Las luces y reflectores permanecen limpios y en perfectas condiciones de operación
- Las llantas están en buenas condiciones e infladas con la presión recomendada
- El cambio de marchas está trabajando correctamente
- La cadena está aceitada y ajustada de manera apropiada
- La silla y los manubrios están ajustados a la altura correcta

TIENE QUE:
- Asegurarse que los frenos son eficaces
- Usar en la noche luz al frente y luces traseras incluyendo un reflector rojo

PCUR Reg. 6 & RVLR número 18

2. Requisitos para la licencia de motociclista

Si posee licencia provisional para conducir motocicleta, **TIENE** que completar satisfactoriamente un curso obligatorio de entrenamiento básico (Compulsory Basic Training (CBT)) y así podrá conducir en una vía publica portando señales L por un periodo hasta de dos años (en Gales pueden usarse las señales "D" o "L" o ambas) Durante este tiempo **DEBE** pasar el examen teórico y posteriormente el examen práctico para conducir motocicleta y así obtener la licencia permanente. Si no se sigue este procedimiento la licencia provisional será suspendida por un periodo de un año.

Si posee licencia permanente para conducir automovil, puede conducir motocicletas hasta de 125cc y 11kW de fuerza siempre portando señales "L" (y/o señales "D" en Gales), pero primero **DEBE** completar un curso CBT si no lo ha hecho aun.

Ley RTA 1988 sección 97

Si tiene licencia definitiva para ciclomotor y no tomó el examen teórico para motocicletas cuando la obtuvo y ahora desea obtener una licencia definitiva para motocicleta, se le solicitará presentarlo y luego **TIENE** que pasar el examen práctico para motocicleta.
Tenga en cuenta que si un CBT fue tomado para la licencia permanente de ciclomotor no es necesario repetirlo, pero si este examen fue tomado antes de 1/12/90, será necesario presentar otro CBT antes de conducir una motocicleta como aprendiz.

Licencia para motocicleta liviana (A1): Si toma el examen en una motocicleta entre 75 y 125 cc. y lo pasa, puede conducir una motocicleta hasta de 125cc con una fuerza hasta de 11kW.

Licencia estándar para motocicleta (A): Si el vehículo para el examen esta entre 100 y 125cc y puede desarrollar mas de 100kph, se le dará una licencia estándar (A) por dos años para conducir motocicletas hasta de 25kW. Después de dos años podrá conducir cualquier tipo y tamaño de maquina (motocicleta).

Acceso directo o acelerado permite que los conductores mayores de 21 años, puedan conducir motocicletas más grandes antes del periodo de dos años de restricción. Para obtener licencia para hacerlo se requiere:
- Completar y pasar un curso CBT
- Pasar un examen teórico
- Pasar un examen práctico en una máquina con una fuerza al menos de 35kW

Para practicar en vías publicas, se pueden conducir motocicletas mayores con señales "L" (y/o "D" en Gales), pero solo cuando se está acompañados por un instructor aprobado que va en otra motocicleta y en permanente contacto por radio.

NO SE PUEDE llevar pasajeros o halar (arrastrar) remolques hasta que no se haya pasado el examen.
Ley MV(DL)R reg. 15

Requisitos para una licencia de ciclomotor
Ciclomotores son aquellas máquinas hasta de 50cc con una velocidad máxima de 50 kph

Para conducir un ciclomotor, aprendices TIENEN QUE:
- Ser mayores de 16 años
- Tener una licencia provisional para ciclomotor
- Completar un entrenamiento CBT

Para obtener una licencia permanente para ciclomotores, primero **TIENE QUE** pasar el examen teórico para motocicletas y luego el examen práctico para ciclomotores.

Si posee una licencia definitiva para conducir automóvil, puede conducir un ciclomotor sin señales "L" (y/o señales "D" en Gales), sin embargo es recomendable que complete un CBT antes de conducir en la vía.

NOTA Los conductores de motocicletas y ciclomotores están exentos de tomar el examen teórico sí:
- Poseen licencia permanente para conducir automóvil
- Poseen licencia permanente para motociclista tipo A1
- Poseen licencia permanente para conducir ciclomotor, si esta fue obtenida después de 1/7/96

Ley MV(DL)R 1996 No. 2824 enmendada

3. Documentos del vehículo y requisitos para un conductor aprendiz

Documentos

Licencia de conducción. **TIENE** que poseer una licencia provisional de conducción registrada para la categoría del vehículo que se conduce. **DEBE** informar a la Agencia de licencias para conductores y vehículos (DVLA) si cambia de nombre o dirección.
Ley RTA 1988 sección 87

Seguro. **TIENE** que poseer una póliza de seguro que cubra las obligaciones ante una tercera parte. Antes de conducir cualquier vehículo, cerciorarse de que está incluido dentro de la cobertura del seguro para ese vehículo o que su propio seguro le da la cobertura adecuada. **NO PUEDE** conducir un vehículo sin seguro.
Ley RTA 1988 sección 143

MOT. Por regla general, automóviles y motocicletas **DEBEN** pasar un examen MOT después de tres años de haberse registrado por primera vez y posteriormente cada año. **NO PUEDE** conducir un vehículo sin certificado de MOT. Conducir un vehículo no apto para la circulación puede invalidar el seguro. La única excepción es cuando se conduce un trayecto corto, para llegar a una cita convenida con anterioridad en un taller, para reparaciones requeridas para pasar el examen (MOT).
Ley RTA 1988 secciones 45, 47, 49 & 53

Documentos para el registro de vehículos. Los documentos de registro son expedidos para todo vehículo de motor que use las vías. El documento describe el vehículo (marca, modelo, etc.) y suministra los detalles del propietario registrado.
Cuando compra o vende un vehículo o si cambia su nombre o dirección, **DEBE** notificarlo a la brevedad a la Agencia de licencias para conductores y vehículos (DVLA) en Swansea. En documentos de registro expedidos después del 27 de Marzo de 1997, el comprador y vendedor son responsables de completar los cambios en estos documentos. El vendedor es la persona responsable de enviar los documentos a la DVLA. El procedimiento se explica en la parte posterior de los documentos de registro.
Ley RV(R&L)R Reg.s. 10, 12 & 13

Impuesto del vehículo. Todo vehículo en uso o que permanezca sobre las vías, **DEBE** tener un disco valido y visible en todo momento que certifique el pago de impuestos (disco de impuestos) Si por alguna razón un vehículo está exento de impuestos **DEBE** exhibir una licencia que lo certifique.
Ley VERA sección 29

Presentación de documentos. **TIENE** que estar disponible a presentar la licencia de conducción con su respectiva contraparte (hoja para notas, que viene acompañando la licencia), una póliza de seguro valida y (sí es del caso) el MOT vigente del vehículo, cuando sea requerido por un oficial de la policía.

Si no puede hacerlo en el momento en que se le solicita, se le pedirá que los presente dentro de los siguientes siete días en la estación de policía más cercana a su casa o en la que más le convenga por ubicación.
Ley RTA 1988 secciones 164 & 165

Conductores aprendiendo. Para conducir un vehículo, los aprendices **TIENEN** que poseer una licencia provisional de conducción válida. **TIENEN QUE** conducir bajo la supervisión y compañía de una persona con al menos 21 años de edad y que posea una licencia EC/EEA (Comunidad Europea) permanente para conducir ese tipo de automovil (automático o manual) y que la haya obtenido al menos tres años atrás.
Ley MV(DL)R Reg. 15

Vehículos. Cualquier vehículo conducido por un aprendiz **DEBE** exhibir placas "L" de color rojo. En Gales pueden ser usadas placas "D" o placas "L" rojas o ambas. Las placas **TIENEN** que cumplir con las especificaciones legales y **DEBEN** ser claramente visibles para otros desde el frente y por detrás del vehículo. Las placas deben ser removidas o cubiertas cuando no está conduciendo un aprendiz (a excepción de vehículos de aprendizaje)
Ley MV(DL)R Reg. 15 & esquema 4

Antes de conducir sin compañía, **TIENE** que pasar un examen teórico (si este es requerido para el tipo de vehículo) y luego un examen práctico para la categoría del vehículo que quiere conducir.
Ley MV(DL)R Reg. 38

4. El usuario de la vía y las leyes

Leyes de la vía
La siguiente lista puede ser encontrada de una manera abreviada a lo largo del código. Esta no intenta ser una guía pormenorizada, pero sí una lista de algunos de los puntos importantes de la ley. Para una transcripción precisa de la ley, por favor diríjase a las Actas y Regulaciones varias (y enmiendas) indicadas en el código. Las abreviaciones son explicadas a continuación.
La mayoría de las regulaciones son aplicadas en todas las vías a lo largo de Gran Bretaña, sin embargo existen algunas excepciones. Las definiciones de una vía en Inglaterra y en Gales es "cualquier autopista o calle a la que el público tiene acceso e incluye puentes sobre los que pasa la vía". En Escocia, la definición es similar pero se extiende incluyendo cualquier vía sobre la que el público tiene el derecho a pasar. Es importante notar que cuando se refiere a "vía" esta incluye generalmente pasos o caminos peatonales, caminos de herradura, senderos, rutas para ciclistas y la mayoría de calzadas en terrenos privados (incluyendo parqueaderos) En la mayoría de los casos, la ley se aplica a ellos y puede complementarse con reglas adicionales para senderos u otras rutas. Algunas serias infracciones de tránsito, incluyendo conducir embriagado, también son validas en lugares públicos, por ejemplo parqueaderos.

Functions of Traffic Wardens Order 1970	Funciones de los guardas de tránsito	**FTWO**
Highway Act 1835 or 1980 (as indicated)	Acta de tránsito1835 o 1980 como indica	**HA**
Horses (Protective Headgear for Young Riders) Reg	Caballos (Proteccion a jinetes) Regs.	**H(PHYR)R**
Motor Cycles (Protective Helmets) Regs.1980	Motocicletas (Cascos protectores)	**MC(PH)R**
Motorways Traffic (England and Wales) Regs.1982	Tráfico en autopistas (Inglaterra y Gales)	**MT(E&W)R**
Motorways Traffic (Scotland) Regulations. 1995	Tráfico en autopistas (Escocia)	**MT(S)R**
Motor Vehicles (Driving Licences) Regulations 1996	Licencias para conducir	**MV(DL)R**
Motor Vehicles (Wearing of Seat Belts) Regs.1993	Cinturones de seguridad en vehículos	**MV(WSB)R**
Motor Vehicles (Wearing of Seat Belts by Children in Front Seats) Regulations 1993	Cinturones de seguridad para niños que usan el asiento delantero	**MV(WSBC FS)R**
Pedal Cycles (Construction & Use) Regs.1983	Vehículos de pedal (construción y uso)	**PCUR**
Public Passenger Vehicles Act 1981	Transporte público de pasajeros	**PPVA**
Road Traffic Act 1988 or 1991 (as indicated)	Acta de tránsito en la vía	**RTA**
Road Traffic (New Drivers) Act 1995	Nuevos conductores	**RT(ND)A**
Road Traffic Regulations Act 1984	Acta de regulaciones de tránsito en la vía	**RTRA**
Road Vehicles (Construction & Use) Regs.1986	Vehículos, construcción y uso	**CUR**
Road Vehicles Lighting Regulations 1989	Vehículos, iluminación	**RVLR**
Road Vehicles(Registration & Licensing) Regs1971	Vehículos, registros y licencias	**RV(R&L)R**
Roads (Scotland) Act 1984	Vías (Escocia) Acta de 1984	**R(S)A**
Traffic Signs Regulations & General Directions 1994	Señales de tránsito, regulaciones e indicaciones generales	**TSRGD**
Vehicle Excise and Registration Act 1994	Vehículo, impuestos y registo	**VERA**
Zebra, Pelicans and Puffin Pedestrian Crossings Regulations and General Directions 1997	Cruces cebra, pelicano y puffin. Regulaciones e indicaciones generales	**ZPPPCRGD**

5. Sanciones

El parlamento ha establecido sanciones máximas para las ofensas de transito. La gravedad de la ofensa es reflejada en la magnitud de la pena. La corte decide la sentencia a imponer de acuerdo con las circunstancias.

La tabla de sanciones en la página 85 indica las ofensas principales, las consecuencias de las mismas y las sanciones asociadas. Existe un amplio rango de ofensas más específicas, que por su simplicidad no son mencionadas.
El sistema de puntos y el sistema de descalificación se describen a continuación.

Sanción con puntos y descalificación

El sistema de sanción con puntos pretende detener las prácticas inseguras de conducción. La corte **DEBE** ordenar la anotación de puntos en la licencia de acuerdo con el número fijado o con el rango establecido por el parlamento. La acumulación de puntos actúa como un aviso para los conductores de que si cometen ofensas posteriores, corren el riesgo de ser descalificados.

El conductor que acumule 12 o más puntos dentro de un periodo de tres años, será descalificado por un periodo mínimo de seis meses o superior si ya ha estado previamente descalificado.

En ofensas que acarreen puntos, queda a discreción de la corte el ordenar la descalificación del conductor, por el periodo que considere pertinente, pero usualmente es entre una semana y unos pocos meses.

En el caso de ofensas serias, tales como conducir de una manera peligrosa o conducir embriagado, la corte **DEBE** ordenar descalificación. El período mínimo son 12 meses, pero para reincidentes o en casos donde se encontró el nivel de alcohol alto, esta puede ser mayor. Por ejemplo, una segunda ofensa por conducir embriagado en un periodo de 10 años trae como consecuencia un período mínimo de tres años de descalificación.

Además, en casos muy serios, la corte (en adición a imponer un periodo fijo de descalificación) **DEBE** ordenar al ofensor ser descalificado hasta que pase un examen de conducción. En otros casos es a discreción de la corte ordenar esta sanción. El examen puede ser uno de duración ordinaria o un examen extendido de acuerdo con la naturaleza de la ofensa.
Ley RTA 1988 secciones 28, 29, 34, 35 & 36

Conductores nuevos. Existen reglas especiales para conductores con dos años o menos desde la fecha en que pasaron el examen de conducir si esto fue después del 1º de Junio 1997 y no poseían mas que una licencia provisional (aprendiz) antes de pasar el examen. Si el número de puntos en la licencia alcanza seis o más como resultado de las ofensas cometidas durante el término antes mencionado, (incluyendo cualquiera cometida antes de pasar el examen) la licencia será revocada. Deberán entonces, solicitar nuevamente una licencia provisional y conducir solamente como aprendices hasta pasar el examen teórico y el práctico
Ley RT(ND)A

Nota. Esto inclusive se aplica si ellos pagan la multa fijada. Los conductores que cuentan con una licencia permanente para un tipo de vehículo no son afectados por esta norma cuando pasan el examen para manejar otro tipo de vehículo.

Otras consecuencias de las infracciones
Cuando una infracción es condenada con prisión, el vehículo usado para cometer la infracción será confiscado

En adición a las sanciones que una corte pueda imponer, el costo del seguro se incrementará considerablemente después de ser convicto por una infracción grave. Esto es debido a que las compañías de seguros consideran estos conductores más propensos a tener accidentes.

Conductores descalificados por conducir embriagados dos veces en un periodo de 10 años o una vez estando dos veces y media por encima del limite legal o aquellos que se nieguen a suministrar una prueba de nivel alcohol, tienen que comprobar ante el Departamento Médico de la Agencia de licencias para conductores y vehículos, que no tienen problemas de alcoholismo y son aptos para conducir antes de que su licencia sea devuelta al final del periodo de descalificación. Persistente mal uso de drogas o alcohol puede traer como consecuencia la cancelación de la licencia de conducción.

TABLA DE SANCIONES

Ofensa	Sanciones máximas			
	PRISIÓN	MULTA	DESCALIFICACIÓN	SANCIÓN EN PUNTOS
*Causar muerte por conducir peligrosamente	10 años	Sin límite	Obligatoria, 2 años mínimo	3-11 (Si excepcionalmente no es descalificado)
*Conducir peligrosamente	2 años	Sin límite	Obligatoria	3-11 (Si excepcionalmente no es descalificado)
Causar muerte por conducir sin la debida precaución bajo la influencia de bebidas o drogas	10 años	Sin límite	Obligatoria, 2 años mínimo	3-11 (Si excepcionalmente no es descalificado)
Conducir sin cuidado o sin consideración	-	£2.500	A discreción	3-9
Conducir bajo el efecto de bebidas o drogas o con exceso de alcohol; o negarse a dar una prueba para análisis	6 meses	£5.000	Obligatoria	3-11 (Si excepcionalmente no es descalificado)
No parar después de un accidente o no reportar un accidente	6 meses	£5.000	A discreción	5-10
Conducir mientras se encuentre descalificado	6 meses (12 meses en Escocia)	£5.000	A discreción	6
Conducir después de que por razones medicas, le sea negada o le sea revocada la licencia	6 Meses	£5.000	A discreción	3-6
Conducir sin seguro	-	£5.000	A discreción	6-8
Conducir un vehículo no estipulado en su licencia	-	£1.000	A discreción	3-6
Exceso de velocidad	-	£1.000 o £2.500 infracción en la autopista	A discreción	3-6 o 3 (sanción fija)
Desobedecer un semáforo	-	£1.000	A discreción	3
Conducir un vehículo sin certificado de MOT	-	£1.000	-	-
Infracciones relativas al cinturón de seguridad	-	£500	-	-
Conducir una bicicleta de manera peligrosa	-	£2.500	-	-
Conducir una bicicleta de manera descuidada	-	£1.000	-	-
Conducir una bicicleta sobre la acera	-	£500	-	-
No identificar el conductor de un vehículo	-	£1.000	A discreción	3

*Cuando una corte descalifica una persona y es convicta por una de estas infracciones, esta debe ordenar un re-examen extendido. La corte también tiene el poder para ordenar un re-examen por cualquier otra ofensa que conlleve a multa en puntos: un re-examen extendido cuando la descalificación es obligatoria y un examen ordinario cuando la descalificación no es obligatoria.

6. Mantenimiento, precaución y seguridad del vehículo

Mantenimiento del Vehículo
Tenga especial cuidado que las luces, frenos, dirección, sistema de escape, cinturones de seguridad, desempañadores, limpia-brisas y rociadores de agua trabajen de manera apropiada. También:
- Luces, indicadores, reflectores, y números de placa **TIENEN QUE** permanecer limpios y despejados
- Parabrisas y ventanas **DEBEN** permanecer limpios y libres de obstrucciones en el campo de visión
- Las luces **TIENEN** que ser ajustadas adecuadamente para prevenir enceguecer a otros usuarios de la vía. Se debe poner mucha atención a este aspecto, especialmente si el vehículo se encuentra cargado y demasiado pesado.
- Las emisiones del sistema de escape **NO DEBEN** exceder los niveles predeterminados
- Asegurarse de que la silla, cinturón de seguridad, apoya cabeza y espejos se encuentran ajustados correctamente antes de conducir.
- Cerciorarse de que los elementos de equipaje estén sujetos de una manera segura

Ley: muchas regulaciones dentro de CUR cubren los elementos mencionados anteriormente y RVLR Regs. 27 & 28

Indicadores de alerta
Asegúrese que entiende el significado de todos los indicadores de alerta en la consola de instrumentos. No ignore señales de alerta, ellas pueden indicar el desarrollo de una falla peligrosa.
- Cuando se gira la llave de ignición, las luces de alerta se encienden, pero desaparecen cuando el motor inicia su marcha (a excepción de la señal del freno de mano o de emergencia) Si no desaparecen, o se encienden mientras conduce, detenga la marcha e investigue cual puede ser el problema ya que puede ser una falla seria.
- Si la luz de alerta de carga de bateria se enciende mientras conduce, puede significar que la batería no esta cargando. Esto debe ser revisado tan pronto como sea posible con el fin de evitar perdida de poder en las luces y otros sistemas eléctricos.

Llantas
Las llantas **DEBEN** estar infladas correctamente (calibre estipulado para cada vehículo) y libres de cortaduras y otros defectos.
Automoviles, camionetas livianas y remolques livianos DEBEN tener una huella de al menos 1.6mm de profundidad sobre tres cuartas partes del ancho del trazado y alrededor de toda la circunferencia
Motocicletas, vehículos largos y vehículos de pasajeros DEBEN tener una huella de al menos 1mm de profundidad sobre tres cuartas partes del ancho del trazado y alrededor de toda la circunferencia
Ciclomotores deben contar con un trazado visible.
Ley CUR Reg. 27

Si una llanta explota mientras conduce trate de conservar el control del vehículo. Sujete el volante firmemente y permita que el automovil ruede hasta un lugar seguro para detenerse al lado de la vía.

Si tiene una llanta desinflada, pare tan pronto como sea seguro hacerlo. Solamente cambie la llanta si lo puede hacer sin ponerse en peligro o exponer a otros. De otra manera, llame al servicio de apoyo en caso de averías.

Presión de las llantas. Revísela semanalmente cuando las llantas estén frías, también hágalo antes de un viaje. Llantas tibias o calientes pueden dar una lectura errada.

Sus frenos y dirección serán afectados de manera adversa debido a llantas sin inflar o demasiado infladas. Desgaste excesivo o desigual de las llantas puede ser causado por fallas en los sistemas de frenado o suspensión o llantas desalineadas. Corrija estas fallas tan pronto como le sea posible.

Niveles de los líquidos
Revise los niveles de los fluidos en su vehículo al menos una vez por semana. Bajo nivel en liquido de los frenos puede causar fallas al frenar y accidentes. Asegúrese de reconocer la luz de aviso de bajo fluido, si el vehículo cuenta con una.

Antes del invierno
Asegúrese que la batería ha tenido buen mantenimiento y que en el radiador y depósito de agua para limpiaparabrisas haya suficiente agente anticongelante.

Otros problemas
Si el vehículo:
- Tira hacia un lado cuando frena, es probable que haya una falla en los frenos o que las llantas no estén correctamente infladas. Consulte un taller o mecánico inmediatamente
- Continúa rebotando en la parte frontal o posterior después de frenar, los amortiguadores están calientes. Amortiguadores calientes pueden afectar seriamente la operación del vehículo y deben ser remplazados
- Huele a algo inusual como caucho, gasolina o cables quemados, investigue inmediatamente. No se arriesgue a desatar un incendio.

Motores recalentados o fuego
La mayoría de los motores son enfriados mediante agua. Si el motor se recalienta debe esperar hasta que enfríe naturalmente. Solo en ese momento puede remover la tapa del tanque del agua y adicionar agua o refrigerante.

Si el vehículo se incendia, saque los ocupantes rápidamente y a un lugar seguro. No trate de apagar el fuego en el compartimento del motor ya que abrir la tapa hará que el fuego se propague. Llame a los bomberos.

Estaciones de servicio
Nunca fume o use teléfonos móviles en los alrededores de una estación de servicio ya que esto representa el mayor riesgo para causar una explosión.

Precaución con el vehículo
Cuando salga de su vehículo
- Tome la llave del encendido y asegure el volante
- Asegure el carro así usted salga solo por unos minutos
- Cierre las ventanillas completamente
- Nunca deje niños ni mascotas en un carro sin ventilación
- Tome todos los paquetes o guárdelos en el maletero

Recuerde sobre todo que un ladrón sabe que una bolsa puede contener cosas valiosas. Nunca deje los documentos del vehículo en él

Para mayor seguridad instale un sistema antirrobo como una alarma o un inmovilizador. Si compra un vehículo nuevo, es una buena idea revisar el nivel de elementos de seguridad que trae instalados. Considere el hacer marcar todas sus ventanas con el numero de placa del vehículo, esto no es costoso y disuade a ladrones profesionales.

7. Primeros auxilios en la vía

En la eventualidad de un accidente, se pueden hacer un sinnúmero de cosas para ayudar, así no se haya tenido un entrenamiento.

1. **Maneje el peligro.**
   Colisiones e incendios posteriores, son los mayores peligros después de un accidente. Acérquese con cuidado a los vehículos involucrados en el accidente. Apague todos los motores y si es posible avísele al otro tráfico. No permita que nadie fume.

2. **Consiga ayuda**
   Trate de que las personas a su alrededor le ayuden. Haga que alguien llame a los servicios de emergencia apropiados lo más pronto posible. Ellos necesitaran la ubicación exacta del accidente y el número de vehículos involucrados.

3. **Ayúdele a aquellos afectados.**
   No mueva los heridos que continúen en los vehículos a no ser que exista una amenaza de peligro inminente. **No remueva** los cascos de los motociclistas a no ser que sea esencial. **No ofrezca** nada para comer o beber a los heridos. **Trate** de que estén cómodos y prevenga de que se enfríen, pero evite movimientos innecesarios. **Brinde** confianza y tranquilidad a los heridos, ellos pueden encontrarse en trauma pero un pronto tratamiento lo minimizara.

4. **Provea cuidado de emergencia**
Siga el **ABC de los primeros auxilios**:
A es por **Airway (vías respiratorias)** revise y remueva cualquier obstrucción a la respiración. Remueva cualquier obstrucción obvia en la boca. La respiración debe reiniciarse y mejorar el color de la victima.

B es por **Breathing (Respiración)** si la respiración no empieza después de que las vías respiratorias se han limpiado, levante la quijada de la victima e incline la cabeza hacia atrás suavemente. Sujete la nariz, ábrale la boca y sople hasta que su pecho se infle; retírese, luego repita la operación regularmente cada cuatro segundos hasta que la victima pueda respirar sin ayuda.

C es por **Circulation (Circulación)** prevenga la perdida de sangre para mantener la circulación. Si hay sangrado presente, aplique presión firmemente con la mano sobre la herida, preferiblemente usando un material limpio y teniendo cuidado de no apretar cualquier material extraño que se encuentre sobre o dentro de la herida. Asegure un parche con un vendaje o con un trozo de un vestido o prenda. Levante el miembro afectado para minimizar el sangrado siempre y cuando, no esté roto.

5. **Esté preparado**
Siempre cargue un equipo de primeros auxilios. Se podría salvar una vida aprendiendo auxilios de emergencia y primeros auxilios en organizaciones calificadas como lo son: El Servicio Local de Emergencias, La Asociación y Brigada de Ambulancias de San Juan (St John's Ambulance Association and Brigade), La Asociación de Ambulancias de San Andrés (St Andrew's Ambulance Association), la Cruz Roja Británica o cualquier entidad calificada.

INDICE

La numeración se refiere a la norma donde se puede encontrar información acerca del tema. Los números subrayados y resaltados remiten a la página.

Accidentes 255 a 261, **Págs.87 y 88**
   autopista 257
   cruces de paso a nivel 272
   elementos peligrosos 258 y 259
   primeros auxilios 257, **Pág.87 y 88**
Aceras
   aparcando 218
   caballos 40
   ciclistas 54
   conduciendo 123
   peatones 1, 2, 4
   reparaciones 33
Aceras notorias 10
Actitud 125
Agua (en los frenos) 101
Alcohol 53, 83, **Págs. 83 y 84**
Altas temperaturas 212
Ancianos. Conductores 192
Ancianos. Peatones 48, 180,183
Animales 34 a 44, 190, 260
   autopista 227, 249
   caballos 34 a 41, 139, 163, 180, 190 y 191, 227
   cruces de paso a nivel 267
Aparcar 213 a 226, 275
   autopista 80, 215
   caminos con un solo carril 134
   cruces de paso a nivel 265
   cruces para peatones 167
   en la noche 222 a 224
   luces de aviso de peligro 96
   vehículos de transporte de mercancías 220 y 221
Apoya cabezas 73, **Pág. 85**
Apto para conducir 79 y 80
Áreas residenciales
   iluminación 95
   peatones 130, 182
   velocidad 130
Autobuses 198, 239
   abordar/ bajar 30
   escolares 185
   sobrepasar 56, 143
Autopistas 227 a 247
   averías del vehículo 249 a 252
   neblina 210

   obstrucciones 254
   parar y aparcar 80, 215
   peatones 6
   reservación lateral 249, 264
   sistema de contra flujo 264
   teléfonos de emergencia 249, 257
   topes y señales 111
   trabajos en la vía 263
Avance en neutro 102
Averías del vehículo 248
   autopista 249 a 252
   cruces de paso a nivel 272

Bahías/ sitios de parqueo 223, 224
Bajas temperaturas 104, 171, 189, 203 a 206, 234
Barrera de seguridad a peatones 9
Batería **Pág. 85**
Beber y conducir 83, **Págs. 83 a 85**
Bolsas de aire 78

Cajas en los cruces 150, **Pág. 76**
Calle angostas. Ver calles rurales
Calles lisas. Ver calles mojadas
Calles de una sola vía 121
   caballos 39
   intersecciones 11
Calles mojadas/ congeladas/ lisas 189, 202 a 206, 212, 278
   cruces para peatones 171
   distancias de parada 105, 202, 205,234
   limites de velocidad 104
Calzadas de una vía 114 y 115
Cambio de carril 112
Caminatas organizadas 5
Caminos de un solo carril 133 y 134
Caminos y carriles para bicicletas
   aparcar 119, 215
   ciclistas 47 a 49, 56
   conductores 119
   jinetes 40
   girar 159
   peatones 11 a 13, 48, 51
   perros 42
Camionetas heladeras 182
Cansancio / malestar 80, 212, 236
Cansancio 80, 212, 236
Capacidad de enfoque 81 a 82
Caravanas 74, 136, 224,239
Cargando y descargando 220 y 221
Cargas 74, 224
Carriles dobles

PAGINA88

ciclistas 60
cruzar/ girar 116, 149
doble carril 116
tres carriles 117
Cascos de protección
 accidentes 257, **Pág. 86**
 ciclistas 45
 jinetes 34
 motociclistas 67, 69, 257, **Pág. 86**
Cascos de seguridad
 ciclistas 45
 jinetes 34
 motociclistas 67, 69, 257, **Pág. 86**
Ceda el paso
 autopistas 233
 intersecciones 148, 159, 161, 165, 182
Carriles de autobuses 120, 215
Carriles de acenso para tractores 118
 aparcar 215
 ciclistas 56
 calles de una sola vía 11, 121
 girar 159
 intersecciones 12, 159
 sobrepasar 141
Certificado de examen del vehículo **Pág.79**
Ciclistas 45 a 66, 187 a 189, 227
 caminos y rutas 47 a 49, 56
 girar 59, 188
 glorietas 6´ a 63, 163
 intersecciones 57 a 59, 146, 153, 154, 156, 158, 159, 187
 observar atrás 52, 187
 peatones 13, 48, 51
 semáforos 50, 55, 64 a 66, 153 y 154
 sobrepasar 56, 108, 136, 139, 188, 207
 tranvías 278
Cinturón de seguridad 75 a 77, **Pág. 84**
Código verde para cruzar 7, 28
Colinas
 aparcar 217, 226
 control 136
Concentración 126 a 128
Condiciones del vehículo 72 y 73, **Págs.77 84 a 86**
Conduciendo 135
Conduciendo en invierno **Pág. 83**
 ver calles mojadas/congeladas/lisas
Conducir. Consejos generales 122 a 134
Conductores aprendices 180, 193, 227, **Pág. 80**
Conductores inexpertos 180,193
Consideración 122, 125
Controles 73
Cruce puffin 167 a 170, 175, 215

ciclistas 64
peatones 7, 18, 25 y 26
Cruces controlados 7, 21 a 27, 64 a 66, 172 a 175
Cruces de paso a nivel 32, 143, 217, 265 a 272
Cruces pelícano 167 a 170, 172 a 174,215
 ciclistas 64
 peatones 7, 18, 22 a 24, 26
Cruces tucán 167, 175, 215
 ciclistas 65
 peatones 7, 25
Cruces cebra 167 a 171, 215
 ciclistas 64
 peatones 7, 18 a 20
Cruces para bicicletas 66
Cruces para peatones 18 a 28,167 a 175, 215
 cebra 7, 19 y 20, 64, 171
 cruces controlados 7, 21 a 27, 64, 172 a 175
 escalonados 26
 pelícano 7, 22 a 26, 64, 172 a 174
 puffin 7, 25 y 26, 64, 175
 semáforos 21
 tucán 7, 25, 65, 175
Cruces. Ver cruces de peatones
Cruzar la calle 7 a 29
 ciclistas 64 a 66
Curvas 2,104,124,136,142, 206, 217

Distancias de parada 105, 129, 202,205, 210, 234, 263.Ver distancia de separación
Discapacitados 180, 183
 ciclistas 48
 conductores en autopista 227, 252
 cruces para peatones 23
 vehículos especiales 195, 214, 216, 224
Disciplina en el carril 112, 121, 262
 autopista 238 a 240
 calles de una sola vía 121
 doble carril 116 y 117
 glorietas 160 a 163
Distancia
 autopista 234
 ciclistas 136, 139, 188, 207
 distancias de parada 105, 129, 202, 205, 210, 234, 263
 neblina 210
 sobrepasar 139, 140, 197
 vehículos largos 197
Doble línea blanca 107 a 108,141, 215, **Pág.73**

Documentos 260 y 261, **Pág.79 y 80**
Documentos de registro del vehículo
Págs. 79 y 80
Drogas / medicinas 53, 84
Elementos de seguridad para niños 76, 78
Elementos peligrosos 257 y 258
Eliminadores de humedad/plumillas/
 atomizador 204, 210, **Pág. 84**
En la noche
 animales 36, 44
 aparcar 222 a 224
 autopista 241
 ciclistas 46
 conducir 82
 luces. Ver lámparas y luces
 peatones
 sobrepasar 139
 velocidad 104
Enceguecimiento 94 y 95
Espejos 137, 160, 178, 204, 262 y
 263, **Pág. 84**
 autopista 228, 241
 cambio de carril 112
 conduciendo 73, 135
 girar 155 y 156, 158
 neblina 209 y 210
 sobrepasar 139, 241
Espejos retrovisores
 condición 204
 conduciendo 137, 160, 178
 en neblina 209 y 210
Esperando 213
Examen teórico **Págs. 77, 79 y 80**

Filas 145
 cruces para peatones 168 y 169
 sobrepasar 139, 262
 vehículos largos 145
Franjas diagonales 109, **Pág. 73**
Frenos/ frenar 97 a 101, 206, 212, **Pág.77**
 condición **Págs. 84 y 85**
 frenos ABS 100
Fuego **Págs. 85 y 86**

Giro en "U" 164
Glorietas 160 a 166
 ciclistas 61 a 63, 163
 jinetes 41, 163
 marcas en la vía 160 y 161
 mini-glorietas 162, 164 a 166
 múltiples glorietas 166
 vehículos largos 63, 163 y 164
Guardas de tránsito 7, 87

Iluminación. Ver luces plenas, luces,
 lámparas y luces
Impuestos del vehículo **Pág. 79**
Indicadores de alerta/ luces del
 tablero **Págs. 84**
Indicadores de dirección/
 direccionales. Ver señales
Intersecciones 71,124,143, 146 a 159,187
 aparcar 217
 carriles 153
 ciclistas 57 a 59,146,153 a 156,158 y159
 peatones 8, 146, 156, 182
Intersecciones sin demarcar 124
Islas 7, 20, 26, 28, 173, 217

Jinetes 34 a 41, 139, 163, 190 y 191, 227

Lámparas y luces. Ver también
 luces plenas, luces e iluminación
 ciclistas 46
 estado y mantenimiento 93 a 95, 204,
  Págs. 77 y 84
 jinetes 36
 peatones 5, 44
 vehículos 93 a 95, 223 a 225, 248

Lento movimiento del tráfico 129, 139, 262
Leyes de tránsito **Pág. 80 y 81**
Licencia de conducir **Págs. 77 y 78**
Licencia para motocicleta **Págs. 77 y 78**
Licencias para el vehículo **Págs. 77 y 78**
Limites de velocidad 103 y 104, 124, 130,
 231, 235, 262
Líneas amarillas 213, 221, **Págs. 74 y 75**
Líneas anticipadas de pare 55, 154
Líneas blancas 106 a 111, **Pág. 73**
Líneas divisorias 110, **Pág. 73**
Líneas y carriles 106 a 111, 116 a 121,160
 y 161, **Pág.73,** ver señales de tránsito/
 marcas en la vía
Llantas 202, **Págs. 77, 84 y 85**
Luces 46, 93 a 95, 201, 204, 210 y 211
Luces de freno 85, 210, **Pág. 66**
Luces para aviso de peligro 96, 248, 251,
 252, 257, **Pág. 84**
Luces para neblina 94, 201, 211
Luces plenas/ principales 93 a 95, 201,
 210, 214
 motocicletas 69
Luces plenas intermitentes 90 y 91
Lugares de paso 133 y 134

Maniobrar 135 a 166, 176 a 179
 motocicletas 71

PAGINA90

vehículos largos 196
Mantener y escoger la bicicleta **Pág.77**
Mantenimiento del vehículo **Págs.**
 84 y 85
Marcas en los vehículos 258 y 259,
 Pág. 76
Mini-glorietas 162, 164 a 166
Moderadores de tráfico 131
Montando
   bicicleta 47 a 63
   caballos 37 a 41
   motocicletas 69 a 71
MOT **Pág. 79**
Motociclistas 67 a 71,136,187 a 189, 207
 y 208, 224, 227, 278
   aprendices 180, 193, 227, **Págs.79**
 y 80
   distancia de parada 105, 202, 205,
    210, 234
   en la noche 70
   en el invierno 205, **Pág. 85**
   girar 71
   glorietas 163
   intersecciones 71, 146, 156, 158,
   187 a 189
   mirar atrás 71, 188
   responsabilidad 69 y 70
   sobrepasar 71, 139, 205
Multas **Págs. 81 a 83**

Neblina 104, 209 a 211
   aparcar 225
   autopista 210, 229, 234
   luces 94, 201, 211
Nieve 203 a 206
Niños pequeños 4, 7
Niños
   código verde 7, 28
   cruces para peatones 27
   en automóviles 76, 78, **Pág. 86**
   en la autopista 249
   en vehículos aparcados 214
   jinetes 191
   niños pequeños 4
   peatones 7, 178, 180 a 186, 277
Norma de los dos segundos 105

Obstrucciones 253 y 254
   carriles 262 y 263
   ciclistas 52, 54
   vehículos 124

Parabrisas/ limpiaparabrisas/
 plumillas 204, 210, **Pág. 84**

Paradero de autobuses 217
   ceda el paso 198
   escolar 185
   peatones 182, 198, 217
   sobrepasando 143
Parar/ aparcar 213 a 226
   autopistas 80, 215, 244 y 245
   caminos de un solo carril 134
   cruces de paso a nivel 265, 268
   cruces para peatones 167 y 168, 172
    y 173, 215
   teléfonos móviles 127
Pasajero en motocicleta 68, **Pág. 78**
Pasajeros 75, 249
   aprendices **Pág. 78**
   ciclistas 53
   motociclistas 68, **Pág. 78**
Patinar 99
   evitarlo 206
   frenos ABS 100
Patrullas de cruce de escuelas 7, 27, 87,
 184 a 186
   sobrepasar 143, 185
Pavimento caliente 212
Placas para aviso de peligro. Ver
 señales de aviso de peligro
Peatones 1 a 33, 104, 124, 130, 132, 178,
 180 a 186, 198, 218
   barreras de seguridad 9
   ciclistas 13, 48, 51
   ciegos/ sordos/ ancianos 23, 48,51,180,
    183, 218
   en intersecciones 8, 146, 156, 182
   en la autopista 6, 227, 245
   seguridad 1, 180 a 186, 214
   tranvías 31, 182, 198, 277
Perros incluyendo perros guía 42 y 43,183
Pito 92, 190
Placas "D" **Págs. 77 y 78**
Placas "L" **Págs. 77 y 78**
Precaución
   ciclistas 45 y 46
   jinetes 35 y 36
   motociclistas 69 y 70
   peatones 3, 5, 17, 44
Precaución con el vehículo 214, **Pág. 86**
Prendas de vestir
   ciclistas 45
   conductores 73, 203
   jinetes 35
   motociclistas 67, 69, 70
   peatones 3, 5, 17, 44
Prendas fluorescentes/ luminosas
   jinetes 35

motociclistas/ ciclistas 45, 69, 70
   peatones 3, 5, 17, 44
Prendas luminosas
   ciclistas 45
   jinetes 35
   motociclistas 70
   peatones 3, 5, 17, 44
Prendas protectoras 35, 45, 67
Primeros auxilios 257, **Págs. 86 y 87**
Proceso de la policía para detenerlo 87, 89
Policías acostados 131
Puntos ciegos 135, 137, 178, 241

Reductores de velocidad 131
Reflectores 46, **Págs. 77 y 84**
Regla de los dos segundos 105. Ver
también distancias de separación
Remolcar 74, 136
Remolque 74,136, 224, 239
Reparación de la vía 33. Ver trabajos en
la vía
Requerimientos de iluminación 46, 93 a
95, 201, 204, 210 y 211
Reservación lateral. Ver Autopista
Retrocediendo 176 a 179, 182, 237
   vehículos 15
Rutas rojas 215, 221, **Pág. 74**

Seguros 261, **Pág. 79**
Semáforos 88, 160 y 161, **Pág. 65**
   ciclistas 50, 55, 64 a 66, 153 y 154
   cruces de paso a nivel 266, 269
   intersecciones 151 a 154
   flecha verde de avance 153
   peatones 21
   tranvías 274
Semáforos con flechas de avance 153
Señales 85 a 92
   autobuses 198
   autopistas 229 a 232, 241, 244
   cambio de carril 112 y 113
   conduciendo 135
   ciclistas 52, 59
   de brazo 38, 39, 41, 52, 59, 85, **Págs. 66 y 67**
   en cruces para peatones 22 a 26, 172, 174, 175
   intermitentes 29, 90,91, 255, 266
   intersecciones 85, 155, 158, 162
   jinetes 38, 39, 41, 191
   motociclistas 71
   para otros usuarios de la vía 85,86
   policías/guardas/patrulleros 87, 89
   sobrepasando 139, 241

vehículos que transportan
   mercancías 163
Señales de brazo. Ver señales de mano
Señales de tránsito/ marcas en la
vía 88,113,121,160,161 209,213, 262,
271. Ver líneas y carriles, **Págs. 68 a 75**
   ciclistas 49, 50, 55, 119, 154
   intersecciones 147, 148, 150, 151,154, 157, 160
   semáforos 88, 151 a 154, **Pág. 65**
Señales en la vía. Ver señales de tránsito
Senderos
   caballos 40
   ciclistas 13, 48, 54
   conductores 123
   peatones 1, 2, 4, 13
Señales de mano 38, 39, 41, 52, 59, 85, **Págs. 66 y 67**
Señales intermitentes
   autopistas 231 a 232, 244
   cruces de paso a nivel 266
   emergencia 29, 194, 255
   escuelas 184
   luces plenas 90, 91
   policía 29, 89, 194, 255
   tranvías 31
   vehículos de lento movimiento 195, 200
Señales para avisar peligro 258
Sistema de escape **Pág.84**
Sistema de contra flujo 264
Sistemas de guía y navegación 128
Situándose. Ver también ubicación
Sobrepasando 114,136,138 a 145, 205
   antes de sobrepasar 138
   autopista 241 a 243
   caminos de un solo carril 133
   carril doble 116 y 117
   carriles para autobuses 141
   ciclistas 56,108, 136, 139, 188, 207
   en cruces 141, 167
   filas 139, 162
   intentando sobrepasar 144 y 145
   motociclistas 71, 139, 205
   tranvía 143, 276
   vehículos largos 136, 140, 145

Trazado de la vía 109, 150, **Pág.73**
Tecnología en el automóvil 127 y 128
Teléfonos
   autopistas 249, 257
   ferrocarril 267, 270, 272
   teléfonos móviles 127, 252, 257, 259, **Pág.86**
Teléfonos de emergencia 249, 257

Teléfonos en el automóvil. Ver teléfonos móviles
Teléfonos móviles 127, 249, 252, 257, 259, **Pág.86**
Timón **Págs. 84 y 85**
   conduciendo en invierno 206
Topes en la vía 111
Topes luminosos. Ver topes en la vía
Trabajos en la vía 33, 143, 262 a 264

Vehículos largos 105, 136, 140, 196 y 197, 208, 267. Ver vehiculos largos y pesados
   autopista 263
   sistema de contra flujo 264
Tranvías 120,198, 273 a 278
   aparcar 215, 217, 275
   giro a la izquierda 159
   peatones 31, 182, 198, 277
   sobrepasar 143, 274
Triángulos 148, 248
Ubicación
   en intersecciones 155, 210
   en la vía 136
Vehículos aparcados
   código verde para cruzar 7
   peatones 7, 14, 169, 182
Vehículos de emergencia 29, 194, 255
Vehículos de movimiento lento 145, 195, 199 y 220, 227, 238, 263
   carriles para subir y para tractores118
   cruces de paso a nivel 267
   filas 145
   luces ámbar parpadeando 200
Vehículos eléctricos 199
Vehículos eléctricos para personas discapacitadas 195
Vehículos largos y pesados. Ver también vehículos largos.
   ciclistas 58, 63
   glorietas 63, 163, 164
   intersecciones 146, 149
   trabajos en la vía 263
   tranvías 273 a 277
Vía libre 215
Vía para peatones. Ver Acera
Vías de acceso y salida de la autopista 233, 244, 246 y 247
Vías rurales 132
Vidrios oscuros 82
Vientos 207 y 208
Vientos cruzados 207
Visibilidad 82, 135 y 136, 204, 248
   autopistas 210, 241

intersecciones 71, 146, 187
luces 93 y 94, 201, 210
neblina 201, 210
nieve 201, 204
peatones/ ciclistas 3, 8, 124, 136146
reversar 178, 182
sobrepasar 138, 139, 142, 241
Visión 81
Voltear a la derecha
   áreas marcadas en "V" 109
   cajas en los cruces 150
   calles de una vía 121
   carril doble 116, 149
   ciclistas 59, 188
   glorietas 162
   intersecciones 155 a 157
   semáforos 152, 153
Voltear a la izquierda
   calles de una vía 121
   carriles para autobuses/ tranvías y bicicletas 159
   glorietas 162
   intersecciones 158 y 159

Zonas controladas de parqueo 219

GLOSARIO DE TÉRMINOS

Abordar – entrar – montarse – subir
Abrochados – amarrados – asegurados – abotonados – sujetados – asidos
Acceso – paso – entrada – camino
Acera – anden – plataforma
Adyacentes – contiguas – vecinas – inmediatas – laterales
Agostador – achicador – reductor
Antelación – anticipación – adelanto – anterioridad
Asenso – escalada – subida
Asignado – designado – elegido – escogido
Asirse – agarrarse – prenderse
Atascarse – atorarse – pagarse
Atrancarse – atascarse – pegarse
Autobuses – buses – coches – camiones

Barreras – defensas – parapetos
Bastante – mucho – abundante
Beber – embriagarse – tomar
Bifurcaciones – cruces – ramificaciones
Borde – orilla – canto – filo – orilla
Boticario – farmaceuta – enfermero

Calibre – dimensión – tamaño
Campana – pito – corneta
Carril – línea
Cerciorarse – confirmar – comprobar
Certifique – pruebe – compruebe – asevere – legitime
Charcos – lagunas – pantanos
Consola – tablero
Corrugados – ondulados
Crestas – tope – parte alta
Cruce a nivel – paso a nivel – pasonivel
Cruzar – atravesar – pasar

Desatendido – abandonado – desamparado
Descansapies – tacos – estribos
Desigual – disparejo - diferente
Desemboque – llegue – converja
Deslizar – patinar – resbalar
Discontinua – interrumpida – espaciada
Discutir – pelear- argumentar
Doblando – volteando – girando
Doblar – girar – voltear – tornar
Doble vía – ambas direcciones – ambos sentidos - doble sentido

Entintados – polarizados – oscuros
Entrecruzar – entrelazar – entreverar – cruzar
Esquivar – evitar – evadir
Estar pendiente – estar atento
Estela – rastro – surco – mojón
Evaluar - examinar – calcular
Evitan – evaden – esquivan
Excusados – excluidos – exentos
Exhibir – mostrar - exponer

Faros – focos – luces – lámparas
Fase – periodo – momento
Flujo – circulación – movimiento
Focos – bombillos – lámparas – luces
Fuera – afuera – externamente – exterior
Furgoneta – camioneta – furgón – camioneta

Giro – viro – vuelta
Glorieta – rotonda – vuelta – plaza – plazoleta
Guía – collar – traílla – cuerda – correa – cadena

Halar – jalar – arrastrar
Huella – rastro – traza – surco – marca

Indicador – direccional
Inflamables – incendiarios – combustibles
Iniciar la marcha – arrancar – salir
Intempestivos – inesperados – súbitos
Intersección – esquina – empalme
Invidente – ciego – sin vista
Irritar – enojar – enfadar

Jorobas – salientes – policías acostados – relieves
Juicio – criterio – apreciación

Limpiabrisas – limpia brisas – limpiaparabrisas
Llanta – rueda – neumático
Llave de ignición – arranque – encendido
Luces de estacionamiento – de parqueo – de aviso de peligro – de alerta
Luego – después – mas tarde
Luminoso – reflector – fluorescente – reflectivo

Mandatarias – forzosas – forzosas – inevitables
Matricula – placa – registro
Mini-glorieta – glorieta pequeña – rotondita – vueltita
Moderar – contener – frenar

Multa – sanción en dinero – castigo

Notorias – palpables – perceptibles

Operador – operario
Operar – funcionar – trabajar
Orientadores – guías – monitores

Paneles – tableros
Parpadeante – titilante – intermitente – chispeante
Patinar – deslizar
Pavimento – suelo – asfalto – piso – acera
Peatones – paseantes – transeúntes
Percatarse – notar – percibir – advertir
Pito – corneta – campana
Poseer – tener – mantener
Prioridad – prelación – importancia – primacía – predominio
Prisión – cárcel

Quebrada - discontinua – partida

Recto – derecho
Reflectores – luces
Reservación central – separador – sardinel
Reservado – separado – apartado – restringido
Restringidos – limitados – determinados
Revolucionando – rugiendo – acelerando
Rociadores – aplicadores – atomizadores

Senderos – caminos – caminos de herradura
Sensibles – perceptivos – palpables
Sistema de escape – tubo de escape
Sobrepasar – pasar – adelantar – superar
Súbito – inesperado – abrupto
Sujetador – asidero – asegurador

Teléfono móvil – teléfono celular
Titilar – pestañear – chispear
Tomar – alcanzar
Topes – taches – montes – pegas – tropiezos
Tráfico – tránsito – circulación
Trazado – huella – marca

Verja – enrejado – cerca – valla
Vía – calle – calzada – camino – ruta
Virar – girar – voltear – volver